TÉAXAÍ GAELGE AS LSS.—II.

IRISH TEXTS FROM MSS.—II.

MEASGRA DÁNTA

MISCELLANEOUS IRISH POEMS

EDITED BY

THOMAS F. O'RAHILLY

PROFESSOR OF IRISH IN THE
UNIVERSITY OF DUBLIN

PART II.

CORK UNIVERSITY PRESS

EDUCATIONAL CO. OF IRELAND

DUBLIN AND CORK

1927

An Chéad Chóiriú 1927
Athchló 1977, 1984

ISBN 0 902561 10 3

An Chlólann
1984

MEASGRA DÁNTA

CUID A DÓ

41

Aoibhinn bheith i mBinn Éadair,
fírbhinn bheith ós a bánmhuir,
cnoc lánmhar longmhar líonmhar,
beann fhíonmhar fhonnmhar ághmhar.

Beann i mbíodh Fionn is Fiana,
beann i mbíodh cuirn is cuacha;
beann i rug ua Duinn dána
lá Gráinne do ruinn ruaga.

Beann tomghlan seach gach tulach,
's a mullach crunnghlas corrach,
cnoc lannach creamhach crannach,
beann bhallach mhíolach mhongach.

Beann is áille ós úir Éireann,
glébheann ós fairrge faoileann,
a tréigean is céim cruaidh liom,
Beann álainn Éadair aoibhinn.

42

Colum-cille cct.

Meallach liom bheith i n-ucht oiléin
ar beinn cairrge,
go bhfaicinn ann ar a meince
féth na fairrge.

Go bhfaicinn a tonna troma
ós lear luchair,
amhail chanaid ceól dá nAthair
ar seól suthain.

Go bhfaicinn a trácht réidh rionnghlan
(ní dál dubha);
go gcloisinn guth na n-éan n-iongnadh,
seól go subha.

Go gcloisinn torm na dtonn dtana
ris na cairrge;
go gcloisinn nuall re taobh reilge,
fuam na fairrge.

Go bhfaicinn a healta ána
ós lear lionnmhar;
go bhfaicinn a míola mára,
mó gach n-iongnadh.

Go bhfaicinn a tráigh 's a tuile
ina réimim ;
go madh é m'ainm, rún no ráidhim,
" Cúl re hÉirinn."

Go n-am-tíosadh congain cridhe
agá féaghadh ;
go ro chaoininn m'ulca ile,—
annsa a réaladh.

Go ro bheannachainn an Coimdhe
con-ig uile,
neamh go muintir gráidh go ngloine,
tír, tráigh, tuile.

Go ro sgrúdainn aon na leabhar,
maith dom anmain ;
seal ar sléachtain ar neamh n-ionmhain,
seal ar salmaibh.

Seal ag buain duilisg do charraig,
seal ar aclaidh,
seal ag tabhairt bhídh do bhochtaibh,
seal i gcarcair.

Seal ag sgrúdain flatha nimhe,
naomhdha an ceannach ;
seal ar saothar ná badh forrach ;
ro badh meallach !

43

Deirdre cct.

Gleann measach iasgach linneach,
a thulcha corra is áille cruithneacht;
bheith dá iomrádh damhsa is deacrach,
gleann beachach na mbuabhall mbeannach.

Gleann cuachach smólach lonach,
buadhach an fhoraois do gach sionnach,
gleann creamhach biolrach mongach
seamrach sgothach barrchas duilleach.

Binn gotha fiadh ndruimdhearg mballach
faoi fhiodh darach ós maoil mullach;
oighe míolla is iad go faiteach
'na loighe i bhfalach san ghleann bhileach.

Gleann na gcaorthann go gcnuas corcra,
go meas molta do gach ealta;
parrthas suain do na brocaibh
i n-uamhchaibh socra 's a gcuain aca.

Gleann na seabhac súlghorm séitreach,
gleann iomlán do gach cnuasach,
gleann na mbeann sleasach bpéacach,
gleann sméarach airneach ubhlach.

Gleann na ndobhrán sliomdhonn smutach
ós cionn iasgaigh is binn bocach;
is iomdha géis thaoibhgheal shocrach
's éigne iuchrach re taobh leacach.

Gleann na n-iubhar gcas gcraobhach,
gleann braonach is mín lulghach,
gleann aoldathach réaltach grianach,
gleann ban sgiamhach bpéarlach bpuncach.

44

Deirdre cct.

Ionmhain tír an tír-úd thoir,
Alba go n-a hiongantaibh;
nocha dtiocfainn aisti i-le,
muna dtíosainn le Naoise.

Ionmhain Dún Fiodhgha is Dún Fionn,
ionmhain an dún ós a gcionn,
ionmhain Inis Droighean de,
's is ionmhain Dún Suibhne.

Coill Chuan!
gus' dtigeadh Ainnle, mo nuar;
fá gar liomsa do bhí an tan,
is Naoise i n-oirear Alban.

Gleann Laoidh !
do chollainn fán mboirinn chaoimh ;
iasg is sidheang is soill bruic,
fá hí mo chuid i nGleann Laoidh.

Gleann Masáin !
ard a chreamh, geal a ghasáin ;
do-nímís colladh corrach
ós inbhear mongach Masáin.

Gleann Éitche !
ann do thógbhas mo chéidtigh ;
álainn a fhiodh, iar n-éirghe ;
buaile gréine Gleann Éitche.

Gleann Orchaoin !
fá hé an gleann díreach dromchaoin ;
níor uallcha fear a aoise
ná Naoise i nGleann Orchaoin.

Gleann Dá Ruadh !
mo-chean gach fear dána dual ;
is binn guth cuaiche ar chraoibh chruim
ar an ndruim ós Gleann Dá Ruadh.

Ionmhain Inis Droighean de,
ionmhain a uisge gainmhe ;
nocha dtiocfainn aisti an-oir
muna dtíosainn lem ionmhain.

45

Fada dhamh druim re hÉirinn,
rom-sgar do thuinn re a tárainn ;
mo shúil tar mh'ais i nÉirinn
fá a léibhinn ghlais úir álainn.

Inis iomlán ghlan ghrianach,
dá hiomrádh dhamh is déarach,
tír na dtulach gcorr gcraobhach,
fonn braonach ughach éanach.

Fonn is caoimhe um chlár ndíleann,
naoidhe dá lár a léibheann,
tír iobhar mín is mhónann,
tír chnódhonn iodhan Éireann.

Tír ghlan fhoithreamhail ughach
na magh sgoithleabhair sgorach,
tír na ród gcraobhach gcreamhach,
fód ealach laoghach lonach.

Fód caomh na gceall bhfeartach,
na bpeall gclaon is na gcolcthach,
oileán mín séadach searcach,
tír ealtach thréadach thorcach.

Tír na laogh is na loilgheach
is mín taobh 's is mín murbhach,
tír na ngort n-airgheach n-oibhneach,
port droighneach airneach ubhlach.

46

Colum-cille cct.

Dá madh liom Alba uile,
óthá a broine go a bile,
ro b'fhearr liomsa áit toighe
agam ar lár caomhDhoire.

Is uime charaim Doire,
ar a réidhe, ar a ghloine,
's ar iomad na n-aingeal bhfionn
ón gcionn go soich ar-oile.

Nochan fhuil duilleóg ar lár
i nDoire chuanna chomhlán
gan dá aingeal go n-óige
i n-aghaidh gach duilleóige.

Ní fhaghaid ionadh ar tír
d'iomad na n-aingeal maith mín;
ar naoi dtonnaibh amach dhe
is eadh ghabhaid ó Dhoire.

Truagh liomsa na gáirthe guil
dá gach taobh do Loch Feabhail;
gáir Conaill, gáir Eóghain trá,
ag eólchaire im dhiadh-sa.

Ó fhúigfead mo bhráithre fén,
inneósa mé fios mo rúin:
ní bhead aonoidhche—ní chéal—
nách tiucfa déar ar mo shúil.

Mo dheadhail re Gaoidhealaibh,
ionnta tarla mo spéis-se,
cuma liom gidh aonadhaigh
mo shaoghal tar a n-éise.

Do Ghaoidhealaibh mé féne,
's do Ghaoidhealaibh mo náire;
do Ghaoidhealaibh mo léigheann,
is d'fhearaibh Éreann mh'áille.

Ó na gáirthibh-se ad-chluinim
créad fá bhfuilim im beathaidh?
gáir mhór muintire Doire
do bhris mo chroidhe i gceathair.

Fágtha dhúinn Doire dearcnach,
dubhach déarach doimheanmnach;
sgaradh ris is crádh cridhe,
is dul uaidh go hainbhine.

Ionmhain fiodh
asar cuireadh mé gan chion;
dainimh d'ainnribh cloinne Néill
mo chur i gcéin 's dá gach fior.

Is anba luas mo churaigh
agus a dhruim re Doire;
saoth liom mo thoisg ar ardmhuir
ag triall go hAlbain mbroinigh.

Faoileanna Locha Feabhail
romham agus im dheaghaidh,
ní thigid liom im churach,
uch ! is dubhach ar ndeadhail.

Mo chos im churchán cheólach,
mo chroidhe truagh taidheórach ;
fann duine mar nách treórach,
dall uile gach aineólach.

Mo radharc tar sál sínim
do chlár na ndarach ndíoghainn ;
mór déar mo ruisg ghlais ghlémhoill
mar fhéaghaim tar mh'ais Érinn.

Fuil súil nglais
fhéachas Érinn tar a hais ;
nochan fhaicfe iarmho-thá
fiora Éreann nách a mná.

Mochthráth is um nóin caoinim,
uchán an turas théighim !
is é m'ainm-se, rún no ráidhim :
" Cúl re hÉrinn."

Do-chím Í !
beannacht ar gach súil do-chí ;
an té do-ní leas a chéle
is é a leas féne do-ní.

Beir mo bheannachtain leat siar ;
is briste mo chroidhe im chliabh ;
dá dteagmhadh éag dála dhamh,
is ar mhéad grádha Gaoidheal !

47

Colum-cille cct.

Ceileabhradh uaimse d'Árainn,
ceileabhradh truagh, mar shaoilim;
mise 'gom chur soir go hÍ,
ise fá dhlaoi ón dílinn.

Ceileabhradh uaimse d'Árainn!
is eadh chráidheas mo chridhe
gan bheith thiar ar a tonnaibh
idir dhrongaibh naomh nimhe.

Ceileabhradh uaimse d'Árainn
do chráidh mo chroidhe creadhail;
isé an ceileabhradh fá dheóidh;
uch! ní dom dheóin an deadhail.

Ceileabhradh uaimse d'Árainn,
isé an ceileabhradh dubhach;
ise lán d'ainglibh fionna,
mise gan ghiolla im churach.

Uch! is cian
rom-cuireadh ó Árainn thiar
go ria slógh Monaidh a-mach
ar ionchaibh na nAlbanach.

Mac Dé bhí,
isé rom-chuir-se go hí,
    sé tug d'Éanna, mór an rath,
    Ára, rómh na n-oilithreach.

Ára naomh !
mairg is biodhbha dhi mar aon,
    's go dtigid aingil do nimh
    dá fios gach aonlá is tseachtmhain.

Gion go mbeith do bheathaidh ann
acht éisteacht aingeal Árann,
    fearr ná gach beatha fá nimh
    éisteacht rena gceileabhraibh.

48

Beannaigh an long-sa, a Chríost cháidh,
    an tsíon, an tonn-sa, 's an tír ;
bíd t'aingil 'na gcléith dár gcóir
    is róinn mar sgéith ndaingin dín.

Síthigh gairbhshín goimh dá glór,
    mínigh gach moir ainmhín fhuar,
fraoch an earraigh cuir ar gcúl
    dún go dul tar ceannaibh cuan.

Doiligh mé fám chúl do chur
    re Múr Té, 's is doiligh dhamh,—
múr fianbhothach na sleagh sean,
    treabh na sreabh ngrianshrothach nglan.

Cuir mé go seasgair chum seóil,
a Dhé, gan easbaidh ar n-iúil,
ón tsín gharbhfhuair tar moir mhóir
re cóir ghloin go gcalmuain gciúin.

Maith mo churach aidhbhseach úr,
taidhbhseach a tura is a taobh,
long ghéagach bhonnógach bhuan,
stuagh théadach chronnógach chaomh.

Long gan tlás i dtachar arm,
gan sgáth i sgathamh na storm,
seóltóir tré chlár na gceann ngarbh
mar badh sál marbh gach gleann gorm.

Tré ghrianbhádh gach toinne tráth,
ar fiarlán, dá ghoinne an ghaoth,
lingidh ó chabhlach na gcríoch;
armach a fíoch is a fraoch.

Slios fadúr foileimneach tréan,
roineimhneach mar dhragún ndúr,
breaclong na srólbhratach saor,
taobh creatlom órshlatach úr.

Brú dhealbhnathrach ghríobhach gharg
bheannbhachlach chíorach na gcolg;
slios snaschaomh is faobhrach fearg,
na bhfraschaor ndearg mbaoghlach mborb.

Tionnlaic sinn, a Rí na rann,
tar linn, is gach líon bhus leam,
gan bhaoghal ó bholgaibh tonn
a-nonn seach bhordaibh na mbeann.

Sirim ar aonMhac, Íosa, d'fhuiling an pháis
Nár bhristear don luing ná don bhuín 'na bhfuile
go brách ;
Buinne ceart gaoithe tríthi, is tuile 'na deáig,
Ó imlibh Baoi go crích na Cruinne sa Spáinn.
—*Muiris* (*mac Dháiví Dhuibh*) *Mac Gearailt.*

49

Dá grádh do fhágbhas Éirinn
im bráthair bhocht beigléighinn,
gé'r dheacair fonn fádghlas Fáil
's an drong do fhágbhas d'fhágbháil.

Do fhágbhas Éirinn na ríogh
ar ghrádh Dé 's ní dá dimbríogh ;
ní d'álghas fiadha badh fearr
do fhágbhas fhiana Éireann.

Maoith chroidhe, gé'r chéim diadha,
tocht i dtíribh imchiana
ón fheadhain 'gár hoileadh ionn,
deadhail re hoirear Éireann.

Rugas (do b'fheirrde mh'eachtra)
céim i n-aghaidh mh'aigeanta
tar an muir ngairgmhir ngábhaidh
óm chairdibh, óm chompánaibh.

Gurab tarbha damhsa is dáibh
mo mháthair, mh'athair d'fhágbháil,
's a n-aicme ar-aon leath ar leath,
an mhaicne gé'r chaor chairdeach.

Ní aibeórainn (innis dóibh,
mo lucht cumtha agus comhóil)
a n-abraim, gé madh ionráidh,
muna n-abrainn d'eisiomláir.

Ní hé gurab aithreach leam
ceileabhradh do chrích Éireann;
ní ar son toirrse dom tholladh
na roinn-se do ronamar.

Do fhidir Dia 'gá dá a fhios
aithreach a fhad gur thréigeas,
d'fhagháil onóra badh fearr,
roshlógha is anáir Éireann.

Doilgheas 'gár ndaoinibh bochta
do-chuala (is cúis daonnachta),
tré n-ar ndol fá chuing chrábhaidh,
druim do chor rem chompánaibh.

Dá madh mise macaomh óg,
aonmhac tighearna thuasód,
san fhód bhunaidh i mbíodh mé,
do badh cubhaidh tríom tuirse.

. . . .

Mór ríogh féin (fochain ratha),
mór mac ríogh is rofhlatha
rug ar chuing nár chuing fhallsa,
tug druim ris an domhan-sa.

Do fhágbhas fhine Ghaoidheal
ar Chríost (ní dá chommaoidheamh),
daoine le'r bh'álghas lámh linn ;
dá grádh do fhágbhas Éirinn.

Ar ghrádh Muire agus a Meic
do fhágbhas Éirinn oirdhreic,
earla claon an chuirp óghdha,
craobh dhealbhdha an fhuilt fhorórdha.

—*Tadhg Camchosach Ó Dálaigh.*

50

Truagh an t-amharc-sa, a Éire !
lem chroidhe is cúis deirbhéile
learga t'fhuinn ghéagaigh ghairthe
d'fhéagain do dhruim dealaighthe.

Siar tar mhuinchinn na muire
do-chiú-sa, a chríoch Laoghaire,
guaille do ghormtholach ngeal ;
orchradhach uaidhe mh'aigneadh.

Beag thrá nár threaghd mo chroidhe,
do athnuadhaigh mh'eólchaire,
do dhruim ar ndeaghlai-ne ribh,
do bheannmhoighe, a fhuinn, d'fhaicsin.

A chríoch Bhriain na mbuinneadh ngeal,
ní fheidir mé (móide ar n-imneadh
's ar sgís fan radharc-sa rinn)
h'amharc-sa a-rís an roichfinn.

Ós éigin dúinn deadhail ruibh,
lór leam do loise an tsaoghail
faicsin t'fhuinn ghéisealtaigh ghloin
don tuinn ghéiseachtaigh ghlonnmhair.

Measa mar tá, a Thulach Bhreagh,—
ní faicthear leam, lór d'imneadh,
fairche faltshoilse th'fhuinn ghloin
ón tuinn atmhair-se ar mh'aghaidh.

Ní dom arthrach is olc leam,—
truagh liomsa, a inis Éireann,
sgeith don tuinn altdorcha im ucht
do bhuing h'ardtolcha as mh'amharc.

Do chuadar as rinn mo rosg
do thulcha is álainn éagosg ;
is tuar orchra dá n-éise
dromchla fhuar na háibhéise.

Uchán ! a inis na nArt,
tugas—gá truaighe malart ?—
taisteal h'uilleadh gclúimhthiogh gcorr
ar bhúirtheadh bhuinneadh mborblonn.

Tug mé ar mhonghar na muire
oirfideadh h'éan neamhdhaidhe
's t'eas ndonnmhálla mbruachdhubh mbinn ;
uathmhar orghránna an aisling.

Dursan damhsa deadhail ribh,
d'éis mh'oileamhna ó aois leinibh
le grian do gheilchíoch gcorcra,
a sheinchríoch fhial éadrochta.

T'fhágbháil gidh cruaidh an croidhe,
ní dubhradh tír thalmhaidhe
dá dtréigfinn do thrilis nduinn,
a inis chéichtshlim Chriomhthainn.

Dá dtréiginn-se, a Threabh Chonnla,
seal aithghearr, d'fhonn ealadhna,
learga buadha do chíogh gcorr,
do shíor uadha ní anfam.

Ionmhain ceard ba chéidcheard damh !
dá mbeinn thrá gan a tréagadh,
a dhrúichtinnse léar fhaoi Art,
ní fhúigfinn-se ar aoi h'amharc.

Tar gach toil dá dtugsam di,
mairg fhuair an iomlaoid gceirde
rom-dheiligh-se rú agus ruibh,
a sheininnse chrú gCobhthaigh.

Na cnuic-se do-chím a-noir
comhaidheach leam iad d'fhéachain ;
rachaidh t'amharc-sa uam dhe,—
truagh an t-amharc-sa, a Éire !

—Giollabrighde Ó Heódhusa.

51

Truagh t'fhágbháil, a inis Chuinn,
a adhbha na n-eas n-álainn,
a thrillseach iasgach éanach
riasgach innseach oiléanach !

Fúigfe mise, 's is leasg liom,
th'amharc-sa, a iath Éireann ;
guais dúinn gurab adhaint uilc
do mhalairt, a úir ordhairc.

Ní hannsa dh'éinchrích oile,
ní d'fhuath ort acht d'ionmhaine,
tug ar mh'óidh triall ód thuinn-se,
a fhial an tshlóigh shéaghainn-se.

Ní fhúigfinn tú, a Threabh na Niall,
d'fhonn aoibhneasa nó ainmian,
a chríoch ghargumhal Ghabhra,
acht d'ardughadh mh'ealadhna.

Ar Dhia uile agus ort féin
fhágbhaim sibh, a Ráth ríNéill,
's i ndóigh th'fhaisgeana fá ádh,
a róimh taisgeadha tromdhámh

Saoth leamsa (lór do dhoghra)
fágbháil t'fhuinn is t'athardha
do ghrádh ceard gcaomhnuaidhe ngeal,
a learg thaobhuaine Thailltean.

Cá truaighe, cá truime ceas,
dá meastaoi a mhéad do dhoilgheas,
a chríoch eóil na n-amharc sean,
gan radharc th'fheóir ná h'inbhear?

Truagh fós gan faicsin t'fhiodhbhadh
liom ar los mo cheileabhradh,
a threabh na nduas roinntear rum,
ná cnuas do choillteadh gcnódhonn.

Giodh é fós, is fáth maoithe
gan clos fhoinn na hardghaoithe,
    théid siar tar chéidibh do chnoc,
    a fhiadh nách éidigh iomlat.

Bheith dá n-éis is damhna deóir,—
binneas t'éan, aoibhneas t'aeóir,
    gáir do shealg, congháir do chon,
    is comhdháil do learg líonmhar.

A thír Bhreagh 'nar buan finnfhéar,
gan graifne ar ngreagh n-inginghéar,
    ná súil oraibhse i n-am áigh,
    is barr doghailse is diombáigh.

Dá n-áirmhinn t'áineas uile,
créad é acht adhbhar eólchaire?
    do b'fhearr dhúinn gan iomrádh ort,
    a úir dánb iomlán mh'annsacht.

Acht so a-mháin maoidhfe mise,—
mo ghrádh dhod dhroing dhílis-se;
    a threabh tholach do chleacht coim,
    mo shearc d'fholach ní fhéadaim.

Ní tú, a chríoch, chaoinim uile
acht do mhná 's do mhacraidhe,
    dream fá haoibhne aigneadh ruinn,
    caoimhdhe a gcaidreabh 's a gcumainn.

A inis Bhreagh na mbeann mbog,
mór gcompán fhágbhaim ionnad,
    drong nách fallsa cló ná coir,
    'gár mó mh'annsa iná agaibh.

. . . .

Ag so chugad, a chríoch Bhreagh,
tós ós dual díbh is deireadh,
a ráith neammbocht ler dhial druadh,
beannacht ó Bhrian go biotruagh.

—*Brian* (*mac Toirdhealbhaigh*) *Mac Giollapádraig*.

52

A fhir théid go Fiadh bhFuinidh,
mo-chean toisg dá dtriallfaidhir !
críoch naomhdha thirmlinnte the,
maordha an fhirminte uaiste.

Do-bhéara cúl (mo-chean duit !)
don Róimh, don Eadáil ordhraic,
cúl don Spáin ngairgbheódha ngrinn,—
dáil re n-airdeóbha th'intinn.

Cúl don Fhrainc na ród dtairtheach
do-bhéara (beart neamhaithreach !)
iath nách samhail d'iath oile,
's aghaidh ar iath Úghoine.

Nát-congbhadh go soiche sibh
fuacht earraigh ná gaoth gheimhridh,
fuinn mhíne na magh ndata,
ná gal síne samhrata.

Gach feidhm dá bhfuileónga sibh,
is th'aghaidh ar Iath Fhuinidh,
cuimhnigh féin ar áille an fhuinn
's ní sáimhe céim ar chearchaill.

Dá bhfaicfe uaid ochta a beann,
céadradharc innse hÉireann,
beanfaidh dhíot ciaigh do chroidhe,
biaidh i n-íoc bhar n-eólchaire.

Ar fhuilngis riamh roimhe soin
d'olc idir thír is tonnmhuir,
ní badh cumhain led chroidhe,
ná pudhair dá pudhraighe.

Ní thréigfe tú ar dtocht a-nonn
Inis Fáil na bhfiodh gcnódhonn,
do chríoch siar, seal a-bhusain,—
mo-chean triall san turas-sain.

Fairgse a sreabh, siobhal a fuinn,
fairgse a coillteadh ndlúith ndíoghainn,
radharc um cheann a calaidh,
amharc is fhearr uarabhair.

Ní fhaicfe nathair nimhe
san chrích álainn ainglidhe ;
rogha leaptha clúimh a cladh,
úir tara deacra déanamh.

Aoibhne a hoirear, áille a sreabh,
cnuas a fiodh, iasg a hinbhear,
lúth a greagh is caoimhe a con,
saoire na bhfear, cá bhfaghthar ?

Tír nár thréig a cuing chreidimh,
tír is umhla d'fhoighidin ;
measardha a tír is a tonn,
tír is easumhla d'fhorlann.

Ar Dhia amháin badh anta d'fhior
i n-éagmhais innse Gaoidheal,
's ní ar dhocamhal dá dhocra,
ná ar shocamhal shaoghalta.

Fuilngidh Dia dúthaigh a sean
tre anuabhar Mac Míleadh,
tír ainglidhe fá n-iadh tonn,
fá rian ainbhfine eachtrann.

Gan fhágbháil oirir Bhanbha,
gan anmhain ón athardha,
mo-chean len héidear é a-nois
gan tréigean Dé ná a dhúthchais.

I ngioll ar Dhia is deimhin linn
gi-bé do fhúigfeadh Éirinn
le triall gan tocht tar a ais,
go madh rian go port Pardhais.

Maith do thuig Tadhg Ó Dálaigh,
do rad cúl dá chompánaibh,
do thuig an iris do b'fhearr,
do dhruid ó inis Éireann ;

Do threabh le hiathaibh oile,
do thogh bheith i mbochtaine ;
do thréig a thuile 's a thráigh,
do léig do dhuille an domhnáin.

Méad ar n-annsa ag fearaibh Fáil,
d'oilithre is feirrde a bhfágbháil ;
cúl re fréimh fhionnGhaoidhil d'fhior
céim ionmhaoidhimh re a áireamh.

A dhocracht anmhain uaidh sin,
móide is anta ó Fhiadh Fhuinidh,
gé madh leasg aigneadh d'fhuireach
i measg chaidreabh gcomhaidheach.

Adeir an chlí i gcogar riom,
dá n-anar ó iath Éireann,
badh náir an céim re a char rinn
damh féin a-mháin dá mairinn.

Mo leas féin is foghnamh cáigh
go bhféadfainn innte d'éanláimh;
do-chiú a lán re a dhéanamh dhún,
dá féaghadh madh ál iompúdh.

Do-chiú thoir don taoibh eile
beathaidh n-aonda n-ainglidhe,
gan rún i gceilg ná i gcionaidh,
gan tnúdh, gan fheirg n-eisiodhain.

Gan raon do rochtain an uilc,
gan chúis, gan chaoi ar a fhóbairt,
acht an chlí fá chuing choidhche,
gan bhuing re ní neamhfhoirfe.

Gan ualach oile d'fheidhm throm,
gan cuing ionghaire anmann,
lór an chlí is collaidhe im bun,
tromoire í re a hiomchar.

Iompúdh go hÉirinn tar mh'ais,
nó mé d'anmhain 'na héagmhais,
stiúr, a Dhé, ar an iúl inne,
gi-bé iúl is innille.

Idir Mhuire Mhaghda-léan
's Marta mar so san soisgéal,
rug an Coimdhe breith mbunaidh;
a bhreith oirne is iomchubhaidh.

Is iontuigthe dháibh is dún,
na cairde ler fhearr mh'iompúdh,
giorra an ré róm is reampa;
fám chlódh is é is inleanta.

Mo charaid is caraid Dé
go dtuillid beatha is buainré
san chrích fhionnghlain fán mín muir;
ionmhain an tír i dtiaghair!

—*Maolmhuire Ó Huiginn.*

53

Slán uaim don dá aoghaire
'gá bhfuil an R 'na dtosach;
d'uamhan fhear na saobhthuigse
ní bhiú níos sia dá nochtadh.

Ar eagla na buaidheartha
géabhad an raon is réidhe;
créad fá mbeinn re fuairleitribh?
do-chímíd croidhe a chéile.

Tig saoirse i ndiaidh róbhruide,
tar éis dubhaidh tig soineann;
fuilngeam feadh an ōrlaigh-se
mar do caitheadh an choinneal.

Tig, an uair nách saoilfidhe,
grás is cabhair ón gCoimdhe;
gearr uainn am an fhaoithighe,
fogas lá don ré dhoirche.

Ag Dia atá gach ordachadh;
ní feas dúinn tráth tar neamhthráth;
ól na dighe domblasta
meinic fhóireas an t-easlán.

—Maolmhuire Ó Huiginn.

54

Mo thruaighe mar táid Gaoidhil!
annamh intinn fhorbhaoilidh
ar an uair-se ag duine dhíobh,
a n-uaisle uile ar n-imshníomh.

Baramhail do-bearar dóibh—
fuidheall áir d'éis a ndíobhdhóidh,
'gá sníomh ó chróluighe a gcneadh,
nó is líon tóraimhe ar dtilleadh.

Nó is lucht báirce fár bhrúcht muir,
nó is drong fuair fios a saoghail,
nó is géill i ngéibheannaibh Gall
Éireannaigh fá fhéin eachtrann.

Tugsad a dtréine ar thaise,
tugsad maise ar mhíomhaise,
tugsad meanma ar mhaoith mheirtnigh,
laoich fheardha nách aithintir.

Atá brat ciach ós a gcionn
mhúchas glóir Ghaoidheal Éireann,
mar néall gceath ghrianbháitheas goil
do leath d'iarghnáicheas orthaibh.

Tarla ó Bhóinn go bruach Lighean
dligheadh is fhiú aindligheadh,
gur bhreath shaor le fianaibh Fáil
an riaghail chlaon do chongbháil.

Ní bhí ag mac ríogh ón riaghail
aire ar lúth eich óirshrianaigh,
nó ar sheilg oighe fá chíogh cnuic,
nó ar ghníomh soidhe nó seabhaic.

D'fhearaibh Fódla is fáth orchra,—
do threabhsad daimh dhanartha,
i n-áit graifne a ngroigheadh seang,
gach faithche um oirear Éireann.

Treóid Ghall i gcluaintibh a gcean,
túir aolta i n-áit a bhfoirgneadh,
margaidh uatha in gach oirear,
cruacha ar ardaibh aonaigheadh.

Ní aithneann inis Logha
ní dá faithchibh fonnmhara,
cnuic dhlaoiréidhe i ndiaidh a n-air ;
biaidh saoirÉire 'na Saxain.

Ní aithneann aicme Ghaoidheal
Banbha, buime a macdhaoineadh,
's ní aithneann Éire iad soin ;
tiad re chéile as a gcrothaibh.

Is í an drong dhligheas d'aithne
d' inis Chuinn is comhaithghe;
ní Goill is aoighidh aca,
Gaoidhil 'na ndroing dheórata.

Do léig Éire an tonn tríthe
d'iomchar fhoirne coigcríche;
arthrach Dhá Thí do tolladh,
sí i n-anchruth do fheadamar.

Mar thimcheallas tonn anfaidh
le stoirm laoi lucht caolarthraigh,
saithe Gall ar tí a dtiomchail,
muna dtí ann d'Éireannchaibh.

Bruid Bhalair go n-a bhráithribh
Tuatha Dé do dhíoláithrigh;
dar lat is neimhthreise a-niogh
na beithre-se Mac Míleadh.

Mar lucht na Traoi ar n-a toghail
dá ndíchleith i ndíothrabhaibh,
fian Teamhra a-táid ó Thailtin;
a bhfáid sealbha seachaintir.

Cosmhail re Cloinn Isra-hél
thoir san Éighipt ar éidréan,
Mic Mhíleadh um Bhóinn a-bhus
ag síneadh dhóibh ó a ndúthchas.

Mar do bhí Magh Tuireadh Thuaidh
i ngeall mhic Céin an chéaduair,
lá a sgarthana re teidhm dtinn,
feidhm an athLogha ar Éirinn.

Ag sluagh Éireann an fheóir ghloin
truagh gan ionamhail Eachtoir
mic Prímh re pobal Saxan,
cogadh dhíbh go ndiongbhatsan.

Truagh, a Rí rátha nimhe,
do theacht dúinn ór ndaoirse-ne,
an t-athMhaoise nár fhéag ruinn,
tréad an chathchraoi-se Criomhthainn.

A Thríonnóid 'gá dtá an chumhacht,
an mbia an dream-sa ar deóradhacht
níos sia ó chathaoirlios Cuinn,
nó an mbia an t-athaoibhneas againn?

Nó an dtiocfa is-teach ar thairngir
do shluagh Danar ndúraingidh
naomh fíréanghlan, fáidh Ó gCuinn,
an prímhéarlamh cáidh Coluim?

Má thug an Deónaghadh dhi,
Saxa nua dan hainm Éire,
bheith re a linn-se i láimh bhiodhbhadh,
don innse is cáir ceileabhradh.

Muna gcuirid dóigh i nDia
síol Éibhir Sguit ón Sgithia,
a gclár foirne—gá dám dhó?—
ní clár d'oighre ná d'iarmhó.

—*Fearflatha Ó Gnímh.*

55

Beannacht ar anmain Éireann,
inis na gcéimeann gcorrach!
atá treabh Bhriain na mbogglór
dom dhóigh ar dhobrón torrach.

Ionann is éag na Fódla
ceilt a córa 's a creidimh,
táire a saormhac 's a saoithe,
más fíor laoithe nó leitir.

Deacair nách bás don Bhanbha
d'éis an treóid chalma churadh
do thriall ar toisg don Eadáil;
mo thruaighe beangáin Uladh.

Ní léigeann eagla an ghallsmaicht
damh a hanstaid do nochtadh;
atá an chríoch réidh-se ríNéill
do chur (?) fíréin dá folcadh.

Ní fhuil cion innte ar fhéiltibh,
ní fhuil ar chléircibh caingean,
ní mhaireann greann a dáimhe,
ní mhaireann náire a hainnear.

Atáid gan lúth gan lámhach,
(mór an t-árach ar Éirinn)
gan ágh gan innmhe, ógáin
i n-inis fhódbháin Fhéilim.

Dursan milleadh na macaomh,
díorma ghlacshaor chleas nguile,
craosól ag clódh a gcéille,—
ag sin a dtréidhe uile.

Ní mhaireann aicme Chonaill,
dream ba rothoil i n-iomrádh,
nó síol Eóghain na mbéimeann :
d'fhearaibh Éireann is iomnár.

Ní mhaireann acht a n-iarmhar,
crú na n-iarladh ó Sheanaid,
laochraidh Mháighe is Mhéinne ;
mo thruaighe gléire Gearailt.

Clann Charthaigh gan cheann feadhna,
mór na teadhma re a n-aithris ;
ag so na síona saobha,
do badh baoghal teacht tairis.

Do badh mór an meall dearmaid
gan saoirshliocht seanBhloid d'fhaisnéis,
caor rathmhar gan rún cionta,
gion go bhfuil ionnta aithspéis.

Ó Ruairc agus Mág Uidhir,
laoich nár fhuirigh ó ghábhadh,
is cealgach croidhe an ciothshluagh,
mo bhrón biothbhuan a mbádhadh.

Síol gConchobhair, rádh rodhocht,
ríoghraidh Connacht an-allód,
giodh saoithe saora a slata,
gan rígh aca acht ar anshódh.

Sliocht Murchadha is Ó Mórdha,
féinnidh fá cródha i ngliadhaibh,
tearc aoinneach don tsíol tsaoróg
'gá bhfuil aonfhód dá n-iathaibh.

Síol na saorchlann ó Bhéarra,
laochraidh gan éara i ndeabhaidh,
do chuir mé ar chaoi mearbhaill,
Ó Cearbhaill is Ó Ceallaigh.

D'éag a huaisle 's a hoireacht,
gan toidheacht aici ón oilbhéim ;
dá lamhadh sinn a mhaoidheamh,
d'fhine Gaoidheal is oilchéim.

Atá fá anshúil Balair
i dteidhm ghalair an Gealghort,
gan ioth gan bhláth i dtalmhain,—
bíodh ar a hanmain beannacht !

—*Fearflatha Ó Gnímh* (?).

56

A dhúin thíos atá it éanar,
mairg tárraidh do thaisbéanadh !
an cruth do cuireadh dod dheilbh,
a bhruidhean na sruth seingmheirbh.

Do múradh taibhle do thor,
do éirigh úir na talmhan
tar fhaolaibh do bhánchloch mbog,
an láthrach aonair umad.

Tairnig tú, tugadh do leacht,
do beanadh dhíot do dhraoidheacht,
do teilgeadh caoin do chlach gcuir
don taoibh a-mach dod mhúraibh.

Ní bhí, i n-áit bhar bhfleadh bhfinnte,
acht sruth fuar na firminte
ag dul treamhaibh ar gach taoibh,
a bhrugh mar Eamhain orchaoin.

Is é dúnadh do dhoras,
i n-áit chomhladh gclársholas,
clocha aoil do bhairr fád bhun
don taoibh ar-aill dot fhionnbhrugh.

Ós taisibh bhar bhfuinneóg bhfionn
is é i-niugh is ceól cuisleann
béarla na n-éan 's an ghaoth ghlan,
is fraoch na néall dá nochtadh.

A chúirt doirseach Dhúin na nGall,
aisling dhuit, doirbh a fhulang,
a bhrugh na mbraonchlár mbleidheach,
dul san chlaochládh choimidheach.

Fá tú, a mheadhrach an mhúir chuirr,
port oireachais chlann gConaill;
Teamhair comhdhála crú Cuinn
fá tú, a orghánna álainn.

Fá tú meadh Eamhna i nUltaibh
nó no Cruachna i gConnachtaibh,
nó an bhraoinleasa ós Bóinn bhinn
ba róimh aoibhneasa d'Éirinn.

Ionnad, a ghéagshlatach ghlan,
do caití cíoscháin Uladh,
do dhála gidh neimhthní a-nocht,
'S do-beirthí cána Connacht.

Uait do-chímís (cúis mheanma !)
sreath long i láibh céideamhna
do bharraibh do bheann gcorcra
go gcrannaibh eang n-éadrochta.

Do bheannaibh do ghairéad ngeal
do-chímís lúth each n-óigmhear,
lucht na sealg, coimhling na gcon,
a thoinnbhinn na learg líonmhar.

Istigh ionnad fá ól fleadh
do-chímís catha Gaoidheal,
is ar t'fhaithche mhóir mhoighigh
d'aithle an óil i n-aonaighibh.

Truagh an dáil-se, a Dhúin na nGall,
tú it aonar d'éis na saorchlann
a-nocht gan mhoirn gan mheadhair ;
doirbh an tocht 'nar thuiteabhair.

Cé a-taoi id chodchaibh fán gcriaidh nduinn,
tángadar do chrú Chonaill,
a mhúir ghil na saoirshreabh slim,
fir do chaoinfeadh do chréidhim.

Do bhiadh, dá gcluineadh do chaill,
meanma Mhaghnusa Í Dhomhnaill,
a leas fá tirmríogha tuir,
i gceas imshníomha umaibh.

Dá bhfaiceadh Aodh mhac Aodha
mar táid do mhúir mhíonaolla,
ní badh lugha, a rómh na ríogh,
a bhrón fád dhula i ndimbríogh.

Tú fós dá bhfaiceadh mar soin
Aodh Ruadh, an triath rod-thógaibh,
níor bh'iongnadh nár bh'aoibhinn lais,
a lionnghlan aoilshlim fhéarthais.

Fada go saoilfidís so,
a theacht, gé tháinig uatha,
a phort sruithgheal na sreath gcuir,
neach rod-chuirfeadh san gcruth-soin.

Ó Domhnaill Ruadh, do rí féin,
de tháinig, gidh teidhm aigmhéil,
lot do mhúir, toghail do thuir,
a dhúin fholaimh ós Iasgaigh.

Gidh eadh, ní ar ulca ruibhse
rod-cuireadh sna crothaibh-se,
a ghealaitreabh fán mín muir,
le rígh dheaghaicmeadh Dhálaigh.

Do b'é adhbhar do thoghla
d'eagla Dubhghall ndanardha,
a shlaitleabhar na mbrugh mbog,
do dhul d'aitreabhadh ionnad.

D'eagla go n-aibeórthaoi sin,
'Dún na nGall,' ribh dá-ríribh,
tug dhaoibh, a dhúin na nGaoidheal!
caoin do mhúir do mhionsgaoileadh.

D'éis na ríogh do riacht sonna,
fá ilphiastaibh eachtranna
mairg dhún do-chighseadh do chor,
a shlisgheal na múr míondubh.

Do dhíobhadh leis Ó nDomhnaill
fearr dhuitse ná Danarghoill
do tháth tiormthor is crios gcloch
tiomchal do lios 's do leargshruth.

An té tug thú in bhar dtaisibh
cneiseóchaidh na créachtaisin,
guais t'easláinte dhíbh go ndeach,
a mhín leasbháinte loinnreach.

Dála an leagha, madh liaigh glan,
an uair fhéachas an t-othar,
do ríghthriath do roinne ruibh,
a dhínchliath chloinne Cobhthaigh.

Aithnidh liaigh leigheas na mball
ar fhéachain fhir na dteadhmann,
cáit i mbí bláth a shláinte,
's gach ní is fháth dá easláinte.

Cuid do na ballaibh bhíos slán
gearraidh don othar easlán,
do dháigh i leigheas a locht,
sul gheibheas gráin ná guasacht.

Ní léig dúnadh a ndoras,
go mbeana a mbí d'amharas
is-toigh do thaobhaibh na gcneadh,
gan ghoin mbaoghail go mbíthear.

An liaigh ó chuireas ar gcúl
(is an t-othar trá ag téarnúdh)
a thoirse, a ghábhadh, a ghoimh,
doirse na n-áladh iadhaidh.

An easláinte is iad na Goill,
's is é an deighliaigh Ó Domhnaill;
a threabh chrothghlas chrú Dálaigh,
tú othras an éagálaidh.

Biaidh ón triath lé dtáir do rath,
do dheóin Dé, Dia 'na thosach;
id chúirt shuaithnidh, taoibh re taoibh,
do chaoin uaighfidh re t'eascaoin.

Ó's é lot do lios mballach
Aodh Ruadh, rí na gConallach,
sgaoilfidh sé ciaigh do cheasa,
badh é liaigh do leigheasa.

—*Maolmuire* (*mac Con-uladh*) *Mac an Bhaird*.

57

Tuar guil, a cholaim, do cheól!
mo chroidhe ní beó dá bhíth;
do bhréagais mo dheór óm rosg;
is truagh nách id thost do bhís.

A fhágbháil 'na aonar fúibh,
iostadh fairsing múir uí Róigh,
an é do-bheir meanma ort
ag nách éidir cosg do ghlóir?

Nó an í an chumha dod chrádh,
a cholaim cheannsa, is fáth dhaoibh,
ó nách faice an úrbhas fhial
do chleachtais dod riar gach laoi?

Cosmhail nách don tír-se thú,
a cholaim bhúidh thig ón Spáinn,
i n-ionad ar thárbhaidh dhún
nách faiceam acht tú a-mháin.

An múr 'na aonar a-nocht
'na gcluininn gáir chrot is chliar,
gáir na bhflaith bhfairsing fó fhíon,
gáir bhrughadh ag díol a bhfiach.

Gáir laoch ag líomhadh a n-arm,
gáir na stoc i n-am na gcean,
gáir rámhadh isteach san gcuan,
gáir fhaoileann i n-uaimh na sreabh.

Gáir fithcheall dá gcur i luas,
gáir na suadh as leabhraibh sean,
gáir bhionnfhoclach na mban séimh,
dream do thuigeadh céill ar gceast.

Inghean Domhnaill do mhear mé
's do chuir mo chéill ar mo mhuin;
a beith gan oighre, gan ua,
cá beag dhamhsa mar thuar guil?

A chuilm an cheóil bhrónaig san dúna thall,
Is duilibh an róimh nósmhar so fúibh go fann;
Tulach uí Ró mhórga na múrtha mbeann,
Gan chuirm, gan cheól seólta ná lúba lann!

58

A mhná, guileam tre Ghlais Áir,
is tugam ar dtreas 'na dhiaidh;
combáidh ghuil is déanta dhúin,
's créachta an dúin gan luibh gan liaigh.

Och, ochán! adhbha na sluagh
'na bhfaghbhadh gach bochtán biadh;
níor bh'fhiú cách a cur ar gcúl;
ag gul fán dún go bráth biam.

Binneas is eól gach re n-uair
san tigh-sin ar dtós do-chínn;
é mar tá is damhna dár ndeóir;
mór lá leóin tarla dár dtír.

Do b'é mo ghrádh bheith san bhrugh,
ní badh slán mé ó nách mar;
is é fá liaigh dom lionn dubh;
bun 's cionn gan dul 'na dhiaidh dhamh.

San teach nduasbhog gan díoth lóin
do bhíodh cead cuarta ag gach cléir,
's gan triall tar ais, dá madh áil,
ó Ghlais Áir ina bhfiadh féin.

Do bhíodh ag laochraidh san lios,
gur traothadh ar dtír a-nos,
súgh caor i gcuachaibh gan ghlas,
's luachair ghlas go caol a gcos.

Minic fá meanmnach mic ríogh
    san tigh-sin tarla fá bhrón ;
mímheanmnach a-nocht, mo nuar !
    port na sluagh míndealbhach mór.

Sí riamh ag dula ós gach dún,
    mar do bhiadh umha fá ór ;
do Ghlais Áir do beanadh bríogh ;
    táir, fa-ríor, gach meadhar mhór.

Do b'é ar dteas i n-aimsir uair
    an teach san aimsin an óil ;
do b'é ar bhfuarán geal ón ghréin
    an teagh réidh nuabhán gach nóin.

Bhar n-aithne is ceard deacair dún ;
    dar leam do leagadh do sheól ;
más tú an baile 'na mbínn riamh,
    caidhe an chliar do chínn ná an ceól?

Atá agam iongnadh nua,
    go gcaithfeam, dá liobhra lá,
gan triall ó thoil re n-ar ló
    don toigh dár mó ar mian, a mhná !

—Tuileagna Ó Maolchonaire.

59

Uíche dham go doilig dúch
    cois faraige na dtunn dtréan,
ag léirsmaoine is ag lua
    ar choraibh crua an tsael,

Bhí an ré is na reulta suas,
níor chlos fuaim tuinne ná trá,
is ní raibh gal ann don ghaoith
do chrothfadh barr cruinn ná bláth.

Do ghluaiseas i machtnamh mhaon,
gan aire ar raon mo shiúil,
doras cille gur dhearc mé
san gconair réig ar mo chiunn.

Do stad mé san doras tsean
'nar ghnáth almsana is aoi
dá ndáil don lobhar is don lag,
an tráth do mhair lucht an tí.

Do bhí fora fiar ar a thaoibh
is cian ó cuireadh a cló,
ar a suíodh saoithe is cliar
is taistealaig thriallta an róid.

Shuig mé síos le machtnamh lán,
do leigeas mo lámh fám ghrua,
gur thuit frasa diana déar
óm dhearcaibh ar féar anuas.

Adúirt mé annsan fá dhíth,
agus mé ag caoi go cûch :
" Do bhí aimsir ina raibh
an teach so go soilbh súch.

Sunn do bhí cluig agus cléir,
dréachta agus díocht dá lé,
cora ceatal agus ceól
ag mola mórgachta Dé.

A fhotharach fholamh gan áird,
a árais seo is aosta túr,
is iumdha easgal is gaoth
do bhuail ar mhaoil do mhúir.

Is iumdha fearthainn is fuacht
is stuirm cuain do chuiris díot,
ó tíolaiceadh tú ar dtúis
do Rí na ndúl mar thíos.

A mhúir naomhtha na mbeann nglas,
do b'órnáid don tír seo tráth,
is diomá dian liom do sgrios
agus cuir do naomh ar fán.

Is uaigneach ataoi anois,
níl unnat cora ná ceól,
ach sgréachach ghéar na gceann-gcat
i n-ionad na salm sóil;

Eidhean ag easgar ós do stua,
neantóg rua it úrlár úr,
tafann caol na siunnach seang,
is crónán na n-eas id chlúid.

Mar a nglaeudh an fhuiseóg mhoch
do chléir bhíodh ag cana a dtráth,
níl teanga ag corraí anois
ach teangtha gliugair na gcág.

Atá do phruinnteach gan bia,
do shuainlios gan leaba bhláth,
do thearmann gan íobairt cliar
ná aifreann do Dhia dá rá.

D'imig do luamh is do riail,
is do chuallacht fá cian cáig ;
och ! ní fhionnaim anois fát ia
ach cárnán criata cnámh.

Och ! anfhorlann is anuaill,
anbhruid anuais is aindlí,
fóirneart namhad is creacha cruaig,
tug uaigneach tu mar taoi."

Do bhíos-sa féin sona seal ;
fó-ríor do chlaochlaig mo chló,
tháinig táir an tsael im aghaig,
níl feidhm orm ach brón.

D'imig mo luail is mo lúth,
radharc mo shúl agus mo threóir ;
atáid mo cháirde is mo chlann
san gcill seo go fann ag dreó.

Atá duairceas ar mo dhriuch,
atá mo chruí 'na chrotal cró ;
dá bhfóireadh orm an bás,
ba dhearbh m'fháilte fá n-a chôir.

—*Seán Ó Coileáin.*

60

Lámh ar th'aigneadh, a Úna ;
léig díot, a dhearc neamhlúdha,
(gnáth orchradhach inghean ghlan)
t'imneadh confadhach cumhadh.

Tréigthear libh trá bhar dtuirse ;
tuig, a ghnúis mar ghlanluisne,
dod ghruadh ghairthe gur bh'omhan
snuadh bhar n-aighthe d'athraghadh.

Fill t'aigneadh, méadaigh meanma,
cuimhnigh, a sheang shoidhealbhdha,
gul tré dhaoinibh nách dleaghar,
dul aoinfhir dá fhoillseaghadh.

An cheard-sain do thogh tusa
teacht uaithe ní hurasa ;
an dubha fán bhfoirm 'na bhfuil,
doirbh an chumha do charthain.

Ball dár dhealbh Ceard na cruinne
ná searg tré éag aonduine ;
saobh an bhreath dá siabhradh sibh ;
do dhreach grianmhar ná geimhrigh.

Soilsigh t'fhabhra ód cheas cumhadh,
foigh ót aigneadh ardaghadh ;
ná measg, gé tharla ar do thoil,
do labhra leasg, ná luathaigh.

Claochládh do chrotha neamhdha,
díbh cá goimh is goimheamhla?
lór dod dhamnadh ná tairg trá,
do mhairg gidh adhbhar iargná.

Ná tabhair d'orchra t'aire,
gidh mór h'adhbhar eólchaire ;
a hadhnadh ní tarbha ó thoil ;
marbhadh t'anma ná haontaigh.

I n-áit gach athar eile
gabh le Mac na Maighdine;
cuir doilghe a chneadh id chridhe
dod Choimdhe eadh h'aimsire.

Tomás, breitheamh na mbreath bhfíor,
easbal iodhan na ndeiggníomh,
dár dtriall is-teagh ó ghníomh ghlan
go teagh an Ríogh le rothol.

—*Cúchonnacht Ó Dálaigh.*

61

Déan oram trócaire, a Thríonnóid,
tug radharc i rosg an doill;
féar tres an gcreig, a Dhé, is doilghe;
ná leig mhé, a Choimdhe, gan chloinn.

Cuire bláth tre bharr an fheadha,
a Athair mhóir (mairg nách tuig!);
bláth tre bharr na gcrann-sa, a Choimdhe,
clann damhsa gár dhoilghe dhuid?

Dair don dearcain, déas don fhoichnín
ní usa ná an chlann ad-chiad,
fochan tana ag teachta a gráinne,—
fearta glana áille iad.

Bradán as gach bailg don iuchraidh,
éan a huigh (ní hinn nách tuig),
agus call tres an gcnaoi, a Choimdhe,—
clann dár mnaoi gár dhoilghe dhuid?

Tugais dom chealgadh cloinn álainn
d'fhaicsin a mbláith,—beag an phoinn!
trócaire déan, a Dhé, oirne;
féagh mé, a Choimdhe gan chloinn.

Láithreach folamh ag fear fheadhma
gan éinghin chloinne is creach mhór;
tabhair giodh aonduine im ionadh,
a naomMuire iodhan ógh.

Dream gan iarmairt, giodh aos conáigh,
ní cluintear acht an gcéin bhíd;
giodh caomh é áille gan sholadh,
gráinne is é gan toradh tríd.

Ní fhuil ann mar ifearn bunaidh
acht bheith gan chloinn (cia nách smuain?);
líog lom idir fhádaibh fiadhghuirt
drong nách bhfágaibh iarmairt uaibh.

A Thríonnóid is a thrí Mhuire,
nár múchtar láithreach mo lis!
neamh re gach n-itche is é is toghtha,
a shé litre fromhtha fis.

A Dhúileamhain, déach ar mh'éigean,
a Fhir théachtas tonna an chuain,
fóir, a Rí thuileas is thráigheas,
an ní chuireas mh'áineas uaim.

A Thríonnóid, tara dom fhurtacht,
a Eó fis ar nách bhfuil ball,
i dtoirchim ní coimse, a Choimdhe,
soillse oimchinn choinnle ar gclann.

Dias inn gan aonduine cloinne
ag casaoid riot, a Rí na naomh;
go dtí do chridhe ar ar gcloinn-ne,
a Rí nimhe, is oirne ar-aon.

Cuir im láithreach, a Fhlaith nimhe,
neach dom chloinn bhus cubhaidh ris,
a Chnú bheó ris nár bhean críne,
a Threabh na n-eó bhfíre bhfis.

Rugais, a Choimsidh na cruinne,
mo chlann uaim is iad 'na nús;
buaidh gcloinne ar fhear do badh usa,—
neamh do roinne tusa ar tús.

An talamh is tú do chruthaigh
idir chloich gcruaidh is chriaidh mbuig;
ní lugha a fheidhm, ní mó a mhonair,
deilbh na cnó ná an domhain duid.

Tú do chum do chriaidh is d'uisge
Ádhamh gan lus gan linn táith,
Éava as a thaoibh réidh do roighnis
do bhéin, a Shaoir choimhdheis cháich.

Tú tháinig fád thoirrcheas buadha
i mbroinn Ríoghna i ráith na ndíog,
ar phéin gur fhóiris na huile;
do róinis féin duine dhíod.

Tú do rad dár gcionn an cholann
i gcloich nduaibhsigh, dáil gan cheilg;
tú do chuaidh san gcroich dár gcobhair,
fá chloich i n-uaimh dhomhain dheirg.

Tú do airg iar n-éirghe as talmhain
teach ifrinn fá huathmhar gné;
leigheas do chrú don fhuil easláin;
tú do shuidh ar dheasláimh Dé.

Clár na talmhan is tú loisgfeas
go mba luaithreadh gach leac bhláith;
a Shlat is mó cnú san choille,
is tú do-ró i gcoinne cháich.

Tú bhias isan bheatha shuthain,
a Shaoir cháidh ar nách fuil feidhm;
leathan do líon, a Mheic Muire;
gá bríogh dheit duine do dheilbh?

Tú an Saor gan saothar gan obair,
a Fhir dhírgheas gach dáil gcoim;
níor usa a mbreith mar cheó coinnle
ná bheith beó, a Choimdhe, dár gcloinn.

Nochar usa an oidhche dhorcha
dealaighthear leat 's an lá glan;
gár dhoilghe ná dall go súileach
clann, a Choimdhe dúileach, dhamh?

Sneachta is grian, a Íosa, i n-aonló
níor usa dhuit ioná ar nduas;
falach na criadh fúinn is fearta,
gur shúidh grian an sneachta suas.

A Rí an ríchidh, rugais mh'aonmhac;
nar bh'oircheas dhuit féachaidh féin;
do sháithis dealg ar fhud mh'anma,
a Cheard tug gabhla fán ngréin.

Dearchaoineadh fá dhul a gcloinne
cúich do dhligh, a Dhearc mar rós?
liom gé madh maith an cor chuinghim,
más maith a ndol, fuilngim fós.

Mo dhá itche, a Airdrí nimhe,—
neamh an chéidní chuingheas mé;
madh áil lat is lór a rádha,
mac i lógh mo dhána, a Dhé.

Faghaidh dhamh, a Mhuire Mháthair,
mac ré ndul don domhan ché;
im chrú nochar fhuirigh aonarc,
a bhrú ar dhuinigh daonnacht Dé.

Guidh liom clann do bheith 'na mbeathaidh,
a Bhrighid ór baisteadh mé;
ná léig t'fhear dána fá dhímheas,
a bhean ghrádha dhíleas Dé.

—*Giollabrighde Mac Conmidhe.*

62

Mairg chailleas géag ghlanchumhra
badh cumhdach croinn gan chríonadh;
anois ar n-éag Mathghamhna
do thuit a bharr i n-íochtar.

Craobh mhaothálainn fhíneamhna
do chailleas i dtós fhoghmhair;
d'ardaigh fós mo mímheanma
gan súil agam re a fhoghnamh.

Gamhain maith don ghamhanraidh
do b'áirmheach idir sgolaibh
'na chaoir chruthghlain chabharthaigh,
do thuit mar bhláth roimh thorthaibh.

Tug díth an dil dealbhchrothaigh,
ag lucht feasa do foighreadh,
deóir im dheirc 'na ndeargshrothaibh
nách báidhfeadh reódh ná oighreadh.

Tig chugam im thaidhbhrithibh
ag seargadh seal le sáimhe
i gcruth álainn ainglidhe
bheanas díom gol is gáire.

Mar thig i gcruth naomhnuaidhe
dom mheadhradh seal le siabhradh,
caillim ar feadh aonuaire
dá mbeith oram úir bhliadhna.

Leisge is doille is brónbhuidhre,
's gan lámh ag iomlat mh'éadaigh,—
tug a éag i gcōmhnaidhe
mhé gan ionnramh chóig gcéadfadh.

Mar léighim a léigheann-san,
mar do-chím a aos comtha,
bím do nós na nÉireannach
fá mhaoith ag dul i ndoghra.

Ar ndíth mo sheacht nglanghárlach·
sirim grás ort, a naoimhThriath;
maith damh féin a n-achlán-san,
is fág beó agam aointriar.

Mar dháil ins an eólchaire
do-rinneas fán ógh amhra,
naomhaingil is óghMhuire
guidhim do choimhéad mh'anma.

63

Ní buan bláth i gcionn bliadhna,
madh lán biadhmhar a dhuille;
comhartha an choill ar gcríonadh
barr na fīodhbha dá dtuite.

An crann chailleas a ghéaga,
bhíos gan éadach gan toradh,
is é a chríoch uile choīdhche
lámha daoine dá losgadh.

Atáim go cumhthach ciamhair
bliadhain anocht ó 'nuraidh,
trém dhuille 'na bhláth bréige,
gan lán céille dá chumhaidh.

Do chráidh mo chroidhe ar dteastáil
rogha deasgáin dom dhíoghlaim;
ós dó do bhí mo rothol,
do-bhéar tosach don díoghrais.

Gnáth mo charaid im aghaidh
seal tré'n mac-soin do chaoineadh;
mé i nglas re feadh a eachtra;
ní measa an cat re laoidheadh.

Cian ré gearr damh i ndoghra,
cidh mó mh'orchra fán dtráth-so ;
sé mhí fá dhó mhé i bpiantaibh,
nách mó bliadhain mar Phláto.

Mé ar nós deiridh an domhain
(glóir is moladh don naoimhRí !),
mo bhláth mór ar bheag dtoraidh
do thuit orainn, cidh daoirní.

64

Caoinfead féin, má thig leam,
mo chlann chruí gan míghreann ;
ós mé do chaill iad seach cách,
caoinfead iad go diomách.

Lag mo chúnamh ar dteacht don chás
do ghuin mo chruí le huathbhás,—
im aonar i n-iathibh Fáil,
's gan neach dom ghaol im chôdháil.

Ós éigean dam trí thuirse chléibh
tiunsgain caoi le hiairmhéil,
is teinn atá mo cheann a-nocht,
mo ghuth is fann gan furtacht.

Ní trua bean ag caoine a céile,
ná fear ar díth a bhainchéile ;
's is trua mé mar éan gan nid
tar éis na n-óg ná mairid.

Nó mar ghéis ar sleasaibh tonn
ag cantain ceóil le neamhfhonn :
ar dteacht don bhás fá n-a déin
canan ceól ba truaimhéil.

Canfadsa lem ré go brách
ceól nách binn gach aontráth ;
ó thárla go tráite fann,
caoinfead féin mo chéadchlann.

Creach lium Ceallachán i gcill,
taobh le Cormac cneismhín ;
Anna agus Máire, mo shearc,
mo nuar fá lic i n-aoinfheart !

Mo cheathrar cluinne gan bhéim
nár bh'iarmhar cré i n-aoinchéim,
abhar créacht mo chruí go deó
bheith dá gcaoine i n-aonló.

Ba bhinn lium a nglór rem theacht,
is iad ag rith i n-aoinfheacht ;
cé bheir fáilte dham ná póg,
ós marbh iad fá aonfhód ?

Muna bhféachainn do Chríost i gcruis
do fuair ó Iúdaibh athis,
do leanfainn iad gan mhuill fán lic,
nó bheinn le baois 'na n-éiric.

I meán uíche 'na dtrom suain
(creach mo chruí go róchruaig !)
mo cheathrar cáig do chailleas iad
i nóimeant uaire ar aoinrian.

Is mó do shíleas ar dteacht dom aois
mo chlann im thimpeal go mbeidís,
ná a ndul uaim go luath i gcill,
is mé dá n-éis ar neachrích.

Ba dlithe dham urraim óm chluinn,
dá dtugas searc mo chéadmhaoin;
ós mé ba sine ná iad,
ba dham ba dleacht an chéidrian.

Is trua dhóibh do thréig mo pháirt
is d'imig uaim i n-aondáil,
nár léig lium tús na slí,
ós mé do rin na peacaí.

Beag mo shuim i gceól ná i sult;
is uaigneach mé le tamall;
ní binn lium duain ná dán;
is cosmhail mé le hamadán.

D'imig uaim mo ghné 's mo neart;
atáim gan chéill gan toirbheart;
ní heagal lium an bás dom fhios,
tar éis na gcáirde chailleas.

I n-am suain, i meán uíche,
is bocht bhím ag éagcaoine,
's mo chlann as mo chôir ag teacht
dá iarraig orm gluaiseacht.

Is cumann dóibh teacht im dháil,
is iunmhain lium a ngriansgáil;
gearr go rachad leó san tslí
le toil naomhtha an Áirdrí.

Do chím iad san uíche thall,
ní sgaraid lium i n-aonbhall;
beid im dhiaig amuich 's istig
go leanfad iad fán mbéillic.

Is trua lium fá sgíos an bhean
do thug don chluinn a róghean;
tug dóibh grá agus lacht a cruí;
is trua lium ise ag ceasnaí.

Is trua lium a lâ go lag
ó bheith ag buala a bánghlac;
is fliuch bhíd a ruisg um nóin;
do sgoilt a cruí le hanbhóin.

Ní hiúna lium í go bocht,—
isí do chaill a cuallacht;
isí tar mhnáibh Inse Fáil
do chonnaic críoch an tromáir.

An gleann 'na ndearnadh mo chreach,
's do choisg mo mheadhair gan fuireach,
mallacht Dé do ghnáth 'na bhun
i n-éiric áir mo chumann.

Gleann an Áir ó so suas
baistim air go biothbhuan;
nimh an fhill do rin oram
'na dhiaig do shíor le míochothram.

Nár fhaice grian ná solas glan,
nár fhaice ré ná reultan,
diomua séin do shíor 'na chóir
tug mé gan aois im sheanóir !

—*Féilim Má Cártha.*

65

Caoin tú féin, a dhuine bhoicht !
do chaoineadh chách coisg do shúil ;
ná caoin inghean, ná caoin mac,
dár cuireadh fá bhrat i n-úir.

Caoin ar tús do pheacadh féin,
ré ndul i gcré dod chorp ;
caoin, ós éigean duit a híoc,
an pháis fuair Críost ar do shon.

Caoin ar fhulaing ar do sgáth
Críost, do cheannaigh cách i gcrann ;
caoin a dhá láimh 's a dhá chois,
's an croidhe do sgoilt an Dall.

Dá bhfaictheá a ndeachaidh uait,
is mar táid na sluaigh-se fúinn,
tar ar cuireadh riamh i gcré
do chaoinfeá thú féin ar dtúis.

Teachtaire Dé ós é an bás,
dá raibh ortsa 'na chás chruaidh,
do-ghéana tú h'aimhleas féin
is aimhleas an té do chuaidh.

Ar chruthaigh lámh dheas an tSaoir,
idir mhac is mhnaoi agus fhior,
ní bhfuil againn truagh ná tréan
nách rachaidh uainn d'éag mar sin.

Ar shliabh Síóin, lá na Sluagh,
badh duibhe ná gual do ghné,
anois giodh álainn do chruth,
muna gcaoine a-bhus tú féin.

Truagh sin, a bhochtáin gan chéill,
dá dtuigtheá-sa féin mar taoi,
do léigfeá do chaoineadh chách,
's do bheitheá go bráth ag caoi.

66

Mallacht ort, a bháis bhrónaig !
a ladrainn leóinte gach iathe ;
chúig mhíle is seacht do chéadaibh
ataoi dár n-éirleach do bhlianaibh.

Olc h'éirim i dtúis h'aoise,
tosach an fhill ar Ábel ;
an mac do b'fhearr do ghoinis,
an mac ba dona d'fhágbhais.

Mar sin duit ris gach líne,
dá ndíochur is dá léirsgrios ;
don olc is sia do cháirde
ná don té do chráifeadh céadta.

Mallacht duit agus míle,
a chú na sgríbe gan féachain
do neach dá fheabhas fuadar
seoch an fuaicle nó an sméirle.

Cosmhail le beithir nimhnig,
le gríbh thú, nó le faolchuin ;
is tú mille gach críche
a bhíobha an chine dhaonna.

Cosmhail tú le fear speile
nách teibean ó gach feóithne,
gan trua gan taise d'éinneach
seoch a chéile dá n-óirleach.

Tú an reithe do chonnairc Dónall
ag côrac ris gach nduine,
ag beartú a adharc go gcráifeadh
cheithre háirde na cruinne.

Cosmhail tú le fear ósta
'gá mbí deóra fá chathis ;
ar n-imeacht adeir, dá lámhú :
'Tabhair sású 'nar ghlacais !'

Aonmhac do bhreith ón athir
cuid dod chleasaibh, a mhéirlig ;
mac ná iníon don mháthir,
a chneámhaire, níor caomhnais.

Olc do chumann, a chladhaire ;
do dheadhlais mé lem aonmhac ;
beag mo ghreann 'na dheóig sin
i ngleann na ndeór im aonar.

Is damhsa ba chóir tosach,
is mé fann folamh ar fiara,
's an té do b'fhearra d'fhágbháil,—
níor bh'é an beagán do riaradh.

Mallacht ort agus fiche
dam nár chuimirc an séaghann
do b'fhearr i dtig 's i dtáirne,
's nár chuir cáirde ar an bhféile.

Is trua nách mise rugais,
is gan mé d'fhulang 'om piana;
ní beó dham, bíodh nách éagaim,
gan ró céille 'na dhiaig sin.

Mo shlán feasta fád dhícheal,
cé táim i n-íochtar agat;
cé ráinig leat mo dhíobháil,
ní thig leat m'aonghrá d'aiseag.

Mallacht don bhás mar iarsma
nách Dia chruthig ná d'órdaig,
ach smáilc sean agus sinsear
atá gach aimsir dár n-óirleach.

Minic dochum a bhuailte
théid duine do bhuain slaite;
mathim é muna dtárla
don té sháraig an aithne.

Mar sin táinig an peaca;
isé do tharraing an sgiúirse
atá gach lá dár loma,
mar do sloigeadh an t-úbhall.

Isé seo an sáilín seire
(ó 'sé is deire do gach flathas)
bhias ag seilg ar chluinn Ádhaimh,
ós de tháinig an mhallacht.
—*Muiris* (*mac Dáiví Dhuibh*) *Mac Gearailt.*

67

A fhir threabhas an dtulaigh,
smuainidh féin an bhfeadabhair
an tú bhias ag buain a bhairr
i n-uair a dhias do dhíoghlaim?

Dá dteagmhadh duit, a dhuine,
go dtóigéabhthá an treabhaire,
ré a caithmhe féag an bhfuighthe
ón éag d'aithle a hullmhaighthe.

Dá bhfuirgheadh Dia do dhealbh neamh
tú ris an gcuid do chaitheamh,
nach léir duid d'aithle th'amhairc
an chuid chaithmhe i gcontabhairt?
—*Maolmhuire Ó Huiginn.*

68

A fhir na heagna d'iarraidh,
bheith ria is obair éigciallaidh
gan grádh is eagla an Athar,
madh ál t'eagna d'ullmhachadh.

Díomhaoin do dhuine ar domhan
bheith ag iarraidh ealadhan,
ná a mheas go bhfuighe sé sin
gan guidhe nDé do dhéinimh.

Ceard gach suadh is é do-ní
Mac Dé Athar, an t-airdRí;
fá luach na ceirde is é is fhearr;
ní feirrde an té nách tuigeann.

Dá bhfaghadh duine ar a dhán
an mhéid iarras go hiomlán,
ní bhiadh sé ar bhail do bhunadh
gan tail nDé dá dheónaghadh.

D'éis a dhéanta 's a dhíola,
re Dia ar ndéanamh eisíodha
bhar bhfreagra do-bhir gan bhail,
a fhir na heagna d'iarraidh.

69

Cathal Croibhdhearg agus Muireadhach Albanach mar aon, iar ndul sna bráithribh dóibh, cc.

" A Mhuireadhaigh, meil do sgín
go mbearram inn don airdRígh;
tabhram go milis ar móid
's ar dhá dtrilis don Tríonnóid.

Bearrfa mise do Mhuire
(an bhreath-sa is breath orchraidhe);
do Mhuire bearr an barr-sa,
a dhuine seang súlmhall-sa.

Annamh leat, a leaca ghlan,
sgian tar do bharr dod bhearradh;
fá mionca ríoghan bhinn bhog
ag cíoradh a cinn chugad.

Gach re n-uair do fhoilcthí dhúinn
is d'Ó Bhriain an bhairr chladhúir,
is do fhoilcinn uair oile
re stuaigh bhfoiltfhinn Bhóraimhe.

Do-nínn comhshnámh is ua Chais
ar linntibh fuara Forghais;
ar dteacht i dtír lais ón linn
do-nínn is ua Chais coimhling.

An dá sgín-se leath ar leath
do rad dúinn Donnchadh Cairbreach,
níor bh'fhearr dá sgín do sgeanaibh;
bearr go mín, a Mhuireadhaigh."

" Meil do chloidheamh, a Chathail
chosnas Banbha mbraonsgathaigh;
ní chuala gan fhachain t'fheirg,
a Chathail chuanna Chroibhdheirg.

Díon ar fhuacht 's ar ainteas inn,
a inghean uasal Iaichim;
déana ar gcoimhéad san tír the,
a roighéag mhín, a Mhuire."

70

Bí fúm, bí, a Mhic, ar mo mhuin;
bí, a Dhúileamhain, im dheaghaidh;
bí romham, a Rí neamhdha;
bí toram, a Thighearna.

Toirinn im béal, bí im theangaidh;
gabh chugam im chuisleannaibh;
ling im chluasaibh 's im chridhe,
a Fhinn uasail ainglidhe.

Gion gur cubhaidh, a Rí, ruibh
bheith 'na ionamhail d'adhbhaidh,
a Chnú chroidhe mo chroidhe,
gan Tú im chroidhe i gcomhnaidhe!

Braon dod rabharta ratha
fhóireas, a Dhé, ar ndeacracha,
go gcuire im chroidhe ar gach cor,
im loighe, im shuidhe, im sheasamh.

An braon-soin, a Mhic Muire,
ar siobhal ná ar sádhaile,
ná deach uam go madh cré ar gcorp,
im shuan, a Dhé, ná im dhúsacht.

71

Oisín cct.

Is fada anocht i nOil Finn,
fada linn an oidhche a-réir ;
an lá i-niu gidh fada dhamh,
do ba leór fad an laoi i-né.

Fada liom gach lá dá dtig ;
ní mar sin ba cleachtadh dhún ;
mo bheith i n-éagmhais na bhFian,
do chuir sin mo chiall ar gcúl.

Gan aonach, gan cheól, gan chruit,
gan bronnadh cruidh, gan gníomh greagh,
gan díol ollamhan ar ór,
gan ealadhain, gan ól fleadh.

Gan bheith ag suirghe ná ag seilg—
an dá cheird le a raibh ar súil—
gan deabhaidh, gan déanamh creach,
gan bheith ag foghlaim chleas lúith.

Gan earradh gaisgidh do ghnáth,
gan imirt mar badh ál linn
gan snámh re laochraidh ar loch,—
is fada a-nocht i nOil Finn.

Fada ar saoghal d'éis na bhFian;
ní cneasta ná badh cian linn;
fá hiad an laochradh gan locht;
is fada a-nocht i nOil Finn.

Is don tsaoghal mar tá mé;
is truagh, a Dhé! mar tá sinn,
im aonar ag tarraing chloch;
is fada a-nocht i nOil Finn.

Sir, a Phádraig, dhúinn ar Dhia
fios an ionaidh a mbia sinn,
nó an saorfa m'anam ar olc;
is fada a-nocht i nOil Finn!

72

Is aithreach liom bheith go hóg,
as mo thós do mealladh mé;
féach anois mar do chuaidh m'uaill;
is gairid uaim ceann mo ré.

An óige, mo mhallacht lé!
d'fhág sí mé i ngeall mo locht;
ní thiocfa sí dom bhreith as,
ní sgaoilfe sí glas mo chos.

Ní bhia tuilleamh buidhe ruinn,
biaidh sise fá mhuirn ag cách;
uch! dá mbeinn ag dul re sruth,
ní chuirfeadh sí a guth im dháil.

Mairg do loisg a thiompán ré ;
mairg do char a gné ba glan ;
mairg nár aithin, a Dhé bhí !
go raibh sí dom chur a-mach.

An óige go n-iomad gcealg,
minic lé bheith dearg is geal ;
giodh é a dath is áille ar chlí,
do fhágaibh sí ar mh'anam sal.

A bhuidhe re haonMhac Dé
mar do sgar mé re n-a cás ;
is ós liath foirfe mo lí,
mo mhallacht lé go dtí an bráth.

Clann Éava do thuit 'na cion ;
mairg 'na riocht do gheibh bás ;
ní haithreach do Mhuire mhóir,
sinn uile do fhóir ón gcás.

—*Seán* (*mac Muiris*) *Ó Hurthaile.*

73

Do bhádhas-sa uair
fá fholt bhuidhe chas,
is nách fuil trem cheann
acht fionnfadh gearr glas.

Ro badh luinne leam
folt ar dhath an fhiaich
do thoidheacht trem cheann
ná fionnfadh gearr liath.

Suirghe ní dluigh dhamh,
óir ní mheallaim mná;
m'fholt anocht is liath;
ní bhia mar do bhá.

74

An seisear,
triúr i dtigim (?) ar deiseal;
triúr frithir fallsa focham,
agus triúr coirpsheang cneisgheal.

An Deacair,
is ise an bhean rom-thachair;
taibhseach sliocht a dhá géagbhonn,
ní héadrom mar a saltair.

An tSuirghe,
macámh meallta gach buidhne;
gér bh'annsa í ná an t-anam,
agam ní bhfuil a cuimhne.

An Réidhe,
mo-chean neach dárab céile;
dhi riamh ní dheachaidh rogha;
fearr ná gach togha spréidhe.

An Éigean,
púdarlach ó ló an chéidfhir;
treise náid mná na cruinne;
smacht uirre nochan éidir.

An Mheanma,
ríoghan is bhuilidh breaghdha;
gidh ionmhain an bhean bhunaidh,
dhamh ó 'nuraidh ní tharla.

An Chumha,
uimpe bhíd na bruit dhubha;
ní mo-chean bean a léara;
ní hiad a sgéala is lugha.

75

Triúr atá ag brath ar mo bhás,
gé atáid do ghnáth im bhun—
truagh gan a gcrochadh le crann!—
an diabhal, 's an chlann, 's an chnumh.

Ní thiobhradh aoinneach don triúr
don dís eile, giodh iúl claon,
an chuid do roichfeadh 'na ghéig
dhóibh ar a gcuid féin ar-aon.

An diabhal is dordha dáil,
an fear leis nách áil acht olc,
ar an anam soilbhir séimh
ní gheabhadh sé an spréidh 's an corp.

Do b'fhearr le mo chloinn mo spréidh
do bheith aca féin a-nocht,
dhamhsa giodh fogas a ngaol
ná mh'anam ar-aon 's mo chorp.

Na cnumha, giodh amhgar súd,
dá gcurthaoi mo chúl san gcré,
do b'fhearr leó aca mo chorp
ná mh'anam bocht is mo spréidh.

A Chríost do crochadh le crann
's do gonadh le Dall gan iúl,
ó 'táid ag brath ar mo shlad,
is truagh gan gad ar an triúr.

76

Malairt ó bhfuilim déarach,
a déanamh dhamh is aithreach;
gé táim tar éis mo mheallta,
damhsa ní gealltar aiseag.

Malairt re bhfuil mo mhíréir
do chuir ar mícheill mise;
díom do baineadh mo lomradh;
damhsa ní connradh cliste.

Malairt do dligheadh dínne
úire ar chríne 's ar choise,
bláth na hóige ar léithe,
neart ar thréithe 's ar loige.

Tugas mo ghruag ar mhaoile,
radharc ar chaoiche 's ar dhoille;
ar lúth, ar léim 's ar lámhach
agamsa fágthar moille.

Tugas aiéar is aoibhneas
(ní nár shaoileas do thabhairt)
ar mo bheith ceanntrom cumhach;
damh ní subhach an mhalairt.

Gé thug mise mo dhúthracht
seal re cũmhdach na hóige,
damhsa ní beag an saobhnós
nár shaoileas claochlódh glóire.

A bhláth bréagach na hóige
dá bhfuaras sóidhne tamall,
do thréigean liom gidh cruadhchás,
beag an t-uathbhás dom anam.

Mar chrann i ndeireadh aoise
ar ghné baoise nó buile,
uaimse gach olc ag síoladh,
is mé ar gcríonadh mo dhuille.

Mo chuid don bheathaidh naomhtha
ar ndol don tsaoghal chleasach,
gabhaim ó Rígh na Glóire
ar sgáth na hóige feasta.

A Rí carthannach créachtach,
ós dá éagnach re caraid,
tabhair ar ndol don talmhain
neamh dom anmain mar mhalairt!

77

Uch ! is truagh
dá maireann ar lorg na sluagh,
's gan fios, giodh amhghar an sgéal,
cáit ar ghabh an tréan ná an truagh.

Uch ! a Dhia,
is mairg fuair an cholann chriadh
atá ag fiadhach ar gach olc,
agá mbreith go port na bpian.

Uch ! mo léan,
a shaoghail mheabhlaigh na mbréag,
mar do ghabhais mise id líon
dom tharraing ó Chríost na gcréacht.

Uch ! is mairg
atá fán saoghal ag spairn,
dá chumhdach do mhac nó mhnaoi ;
dá n-abrainn fá naoi é, is mairg.

Uch ! mo bhrón,
a Rí Nimhe nár chan gó ;
dá ndearnainn-se riamh do réir,
do chaithfinn go léir mo lón.

Uch ! is uch !
dá measainn a ndearnas d'ulc,
tar mo bhéal, go bhfaghainn bás,
ní thiucfadh go bráth acht ' Uch ! '

78

Osgail romham, a Pheadair,
ós díot dleaghair a dhéanamh;
isteach nó go dtí an chalann,
léig an t-anam 'na éanar.

Dá bhféadainn dol don tigh-sin,
léig an tslighe dom chomas;
atáid anois re tamall.
triar dom tharrang ón doras.

Is don triar-san an diabhal,
agus miana na colla,
is an saoghal dár lingeadh;
a Dhé, go gcinnear orra!

Ón triúr atá dom fheitheamh
ní leam teitheamh ná foras;
ní husa d'fhior gan éideadh
dul ar éigean san doras.

Osgail, a Mhuire Mháthar,
freagair láthar mo chosgair;
dá raibh Peadar go feochair,
gabh an eochair is osgail!

79

Ceathrar do bhí ar uaigh an fhir,
feart Alaxandair uaibhrigh ;
ro chansad briathra gan bhréig
ós cionn na flatha a finnGhréig.

Adubhairt an céidfhear díbh :
" Do bhádar iné 'man rígh
fir an talmhan, truagh an dál !
gé tá iniu 'na aonarán."

" Do bhí iné rí an domhain duinn
'na mharcach ar talmhain truim,
ciodh é an talamh a-tá i-niugh
'na mharcach ar a mhuin-siumh."

" Do bhí," arsan treas ughdar glic,
" an bith iné ag mac Philip ;
iniugh aige nochan fhuil
acht seacht dtroighthe do thalmhain."

" Alaxandar muirneach mór
do bhronnadh airgead is ór,
iniu," arsan ceathramhadh fear,
" ag so an t-ór, is ní fhuil-sean."

Comhrádh na n-ughdar do b'fhíor
i dtimcheall uaighe an airdríogh ;
níor bh'ionann is baothghlór ban
ar chansadar an ceathrar.

80

Envoi.

Anois, a leabhráin, imig rôt ;
is áirithe dhuit fáilte na huile
san uile réghión thiar is tuir
ó chríostaithibh na cruinne.

Is trua nách damhsa atá sé i ndán
(tráth bhead aosta, mar tá tusa)
bláth na hóige chur orm arís,
sul a mbeinn críon aosta liosta.

Má tá do chóta casta buí,
tá do chruí geal id chraiceann ;
tráth cuirfear tusa arís i gcló,
beig bláth na hóige ar do mhalainn.

Ní mar sin damhsa ! Caife mé
géille 'on éag is dul don bhaile ;
seachain thusa, a léthóir shéimh,
gan cluain an tsael bhoicht dod mhealla.

NOTES

41

In praise of the Hill of Howth.

Sources. There are two types of versions, represented by H. 6. 7, p. 14, and 23 A 45, p. 66, respectively. (1) That in H consists of 4 qq. followed by a set of 5 others on the same subject beginning *Minic fán maoilinn mongaig* ; one of the five is a variant of our q. 3. J. O'Daly's version (Oss. Soc., vi, 88) belongs to this type. (2) The version of A consists of 5 qq., viz. the 4 qq. of the present text together with an extra quatrain (intercalated between 3 and 4) which is one of the five additional qq. found in H. Hardiman's version (Irish Minstrelsy, ii, 222) is of this type.

Metrical considerations show that both versions are very much corrupted, and it is impossible to restore the text to its original form.

MS. Readings. 2 a bánmhuir] *abhuinn mhuir* H ; *bánmhuir* A. This line is pretty certainly corrupt ; the original may have been something like *fírbheann bheitheach* (or some such adj.) *ós bánmhuir*. 3 *lánmhar longmhar* H ; *longmhar lonnmhar* A. 7 *dá rug ua duibhinn* H ; *a rug o doibhnne* A. 8 *lá grainne do dhruím ruaige* H ; *uidhe ghráinne do roinn ruaga* A. 9 tomghlan etc.] *tonghlas seach gach tulaidh* H ; *is tomghlas gach tulach* A. 10 's a] *sa* H ; *is gach* A. *cronnghlas* H ; *comhghlas* A. 11-12 are based on H, save that it reads *beannach* for *mhíolach* ; the latter is suggested by the second version of this q. in H. In A these lines are reversed, and the reading is *beann bhileach mhungach bheannach* | *cnoc creamhach cnúbhach cronnach*. 13 áille ós úir] *áille ós úirill* H ; *aoibhne duir* A ; perhaps for *úir* we should read *ur*, d.s. of *or*, 'edge.' 14 *glé bhinn ós a farrge* H ; *gidh léibhionn os fáirge* A. 15-16 are based on H, but the metre shows that *cruaidh liom* is a corruption of some dissyllabic word. A reads *mo chion da triath gan doghruing* | *mórbheann na ffian aoibhinn*.

42

The delights of living in a sea-girt isle.

Sources. Brussels MS. 5100-4, p. 34, as published by Meyer in ZCP. v, 496, and Edinburgh MS. v, fo. 10a, as published by Mackinnon in his 'Catalogue of Gaelic MSS.', p. 81. In the latter the poem is anonymous. Ll. 37-40 are quoted as Columcille's in Maghnus Ó Domhnaill's Life of the Saint (ed. O'Kelleher and Schoepperle, p. 436).

I have altered *co n-acind* and the like to *go bhfaicinn*, and I have in general brought the spelling into conformity with seventeenth century practice. In the Brussels text qq. 10-11 interchange; and both MSS. have a twelfth quatrain, here omitted, which looks like a subsequent addition to the poem.

In l. 19 I have emended *mara* of the MSS. to *mára*.

The metre is 'Snéadhbhairdne,' $8^2 + 4^2$, with rime throughout between the end-words of *b* and *d*. Occasionally there is rime between the end-words of the other two lines as well; in the absence of this additional rime the end-word of *c* consonates with those of *b* and *d*. Alliteration is usual, but it is lacking in 3 of the eight-syllable lines and in 12 of the shorter ones. There is occasional internal rime between *c* and *d*, viz. in qq. 2, 4, 6, 8 and 9.

Irish tradition represents St. Columcille as an ardent lover of nature (cf. the present poem), and as a no less ardent lover of his native land (cf. poems 46 and 47). Both of these traits are well illustrated in another poem ascribed to him, beginning *Ro bad mellach, a Mic mo Dé*, for which see Reeves's Adamnan, p. 274, and ZCP. vii, 309. Five of the 10 qq. of the poem may be quoted here (one of these five also occurs in Maghnus Ó Domhnaill, *op. cit.*, p. 292):

Do badh meallach, a Mhic mo Dhé,
  (aidhbhle réimeann !)
asgnamh tar tuinn tobar ndíleann
  dochum nÉireann.

Go Magh nEólairg, seach Binn Fhoibhne,
  tar Loch Feabhail,
airm a gcluinfimís ceól cubhaidh
  ag na healaibh.

Rom-líon maoith i n-éagmhais Éireann
  (damh ní cuimseach),
i dtír ainiúil gonam-tarla
  taidhiúir tuirseach.

Fuaim na gaoithe ris an leamhán
  ar-don-peite,
longhaire luin léith go n-aite
  iar mbéim eite.

Éisteacht go moch i Ros Greancha
  ris an damhraidh;
coigeadal na gcuach don fhiodhbhaidh
  ar bruach samhraidh.

43

In praise of a glen.

Sources. A MS. in private hands ("W"). 23 B 38, p. 57. A copy in the Black Book of Clanranald, printed in 'Reliquiae Celticae,' ii, 306 ("R").

All three MSS. ascribe the poem to Deirdre. The title in B is *Déirdre cct. aig mola ghleann na suan*. "Gleann na Suan," if the name be genuine (cf. l. 15 of the poem), is probably to be looked for in Scotland; it may be no more than a corrupted form of *Gleann Masáin*, mentioned in the next poem (l. 17).

The metre of the poem, in the form in which it has come down to us, is so very loose and irregular that it is hopeless to try to amend it. The only rule observed throughout is that the end-words are dissyllabic, and make a kind of *uaithne*. All except five lines terminate in *-ach*. The number of syllables in each line ranges between 7 and 9. Rime is usually absent in the one place where we should most expect it, namely, between the end-words of *b* and *d*. There is occasional rime between the end of the first line of a couplet (*a* or *c*) and a word in the interior of the following line, and there are a few internal rimes between *c* and *d*. Some of the metrical looseness is, no doubt, to be attributed to corruption of the text; but one suspects that the poem is a late one, and that even in its original form few metrical rules were rigidly observed.

MS. Readings. 1 measach] *meisge* W; *meisgeach* B; *do gach meas* R. 3 *déarach* R. 4 *beacach* W; *beágach* R. 6 *buadhach* BR; *bheathach* W. 7 *chreimhach* W; *craobhach* B; *créamhach* R. 9 *Gleann gotha fiadha* W ; *Gleann gotha fiadh* B ; *Binn goth fiadhuid* R. nd. mb.] *d. b.* W ; *d. bh.* BR. 10 *maoilin(n)* WBR. 11 *da miólla* W ; *aga míola* B ; *aga greagh* R. go] om. WB. 12 *na laoigh* W ; *na laoi* B ; *na láoigh* R. 13 go] *'sna* B. 15 *súan* W. 16 *ccuainn* B ; *ccuan* R. 17 séitreach] *éghtach* R. 19 *lesach* R. 21 *slím donn* B. 22 *iasgach* WB binn] *binn guth* WBR. 23 is] om. WB géis] *géis ann* B. 24 *oighne uchrach* W ; *Oíghne úchrach* B ; *eigne urach* R. 25-28 are not in R. 25 gc. gc.] *c. c.* W ; *ch. ch.* B. 26 *loilgheach* W ; *luilígheach* B. 28 *bán* B. *pongach* W ; *fáinneach* B. Here and in l. 19 the MSS. leave the adjj. uneclipsed.

44

Deirdre, on her return to Ireland, recalls the places endeared to her during the years she and Naoise lived in Scotland

This poem forms part of the later versions of Oidheadh Chloinne Uisnigh, and the present text of it is based on Stokes's edition, Irische Texte, ii, 127-9.

The metre, it will be observed, is not uniform throughout. Qq. 1, 2 and 9 are in Debhí of the older and simpler kind. Q. 3 is in Debhí with the first line shortened to three syllables. The remaining qq. are in Rannaíocht with the first lines variously shortened to 2^1, 3^2 and 3^1, and with the end-words of the shortened lines riming with the end-words of *b* and *d*.

In ll. 7 and 33 *de* appears to be part of the proper name, in which case it should have been written *De*.

45

An exile's praise of Ireland.

SOURCES. 23 D 13, p. 174. A MS. in private hands (" W ").

MS. READINGS. 2 *mo sgarmhuin do thuinn re haruinn* D ; *mo sgaramhuin do thuinn re hiaruinn* W. The printed text is not quite certain. 4 *fan leithphinn úir* D (*ghlais* om.) ; *fan leithfinn ghlais úr* W. 11 *iobhair mhín* D ; *iobhar mhín* W. 13 na] *tír na* DW. *sgólach* D ; *sgorach* W. 17 is a syllable short. 18 gcolcthach] *ccoil* [rest lost] D ; *gcoilceach* W. 21 is] om. W.

The two qq. that follow form the conclusion of the poem in both MSS., but it seems obvious that they have no real connection with the poem, though they are in the same metre :

Rí Éireann iarla an fhuinn-se,
niamhdha léibheann a loingse,
ó Chréidhe craobh na hinnse,
raon trillse séimhe soillse.

Mac Toirdhealbhaigh ó tharraidh
ag coimhleanmhain a chinidh,
gabh, a Dhé, ag ua Duach Ghalaigh,
ní thabhair sé a fhuath d'fhilidh.

MS. readings in the above are :—3 *chreidhe* DW. 4 *troillsi* DW. 5 *ó tharaigh* D ; *ó tháruigh* W. 6 *caomhleanmhuin* W. 7 *a dhia*, DW. 8 *dfile* D ; *dfíle* W.

46

Columcille's farewell to Ireland.

SOURCE. The present poem has been pieced together from various verses quoted in Maghnus Ó Domhnaill's life of the saint (ed. O'Kelleher and Schoepperle, pp. 188-200, 290-294). I have to thank Fr. O'Kelleher for kind permission to make use of his text.

Seven of the 19 qq. occur also in a series of verses beginning *Oibind beith ar Beind Edair* (to be distinguished from no. 41, which it resembles only in the first line), similarly ascribed to Columcille, and published by Reeves in his edition of Adamnan's Life of St. Columba, pp. 285 sq. In Reeves's version there are 24 qq. ; but a version in Rawl. B 512 contains only 4 qq. (Stokes, Tripartite Life, i, p. xxxix), including at least two of those in our present poem.

MS. READINGS. 10 *cuanna comlán*. 20 *am deaghaidhsá*. 25 *delughadh*. 37 Fágtha] *Fagbuidh*. dearcnach] *dairgech*. 51 *ni tegaid*. 52 *ceoluch*. 54 *taigeoruch*. 63-64 are based on the version of this q. quoted in the introduction to Amra Choluimb-chille (RC. xx, 38). 67 *rún atraídhim*. 73 is based on Reeves.

The metres, as might be expected, are various, but nearly all of them are of the simple kind, involving few metrical requirements. We have simple Debhí (sometimes with the first line shortened to three syllables), strict Debhí (only in the final quatrain), Rannaíocht Bheag, Rannaíocht Mhór, a species of Rannaíocht in which the end-words of *a*, *b* and *d* rime (ll. 5-8, 49-52), the same with *a* shortened to three syllables (ll. 41-44, 69-72), Ae Freslighe, and Snéadhbhairdne. Loose rimes are frequent; see the end-rimes of ll. 1-2, 11-12, 25-27, 57-58-60, 75-76. Hence perhaps the correction of *dairg[h]e[a]ch* in l. 37 was unnecessary.

For the proverb in ll. 54-55 see Miscellany of Irish Proverbs, 330.

47

Columcille's farewell to Aran.

Maghnus Ó Domhnaille's Life of Columcille speaks only of a brief sojourn which the saint made in Aran, having gone thither from Iona (ed. O'Kelleher and Schoepperle, pp. 158-160). Portion of Ó Domhnaill's account is also found independently; see editions in GJ. 43, p. 162, and RC. xxxiii, 354, by Meyer and Vendryes respectively. The traditions connecting the saint with Aran being thus very meagre it is remarkable to find the present poem, late though it is, making him speak of that island with the same affectionate longing as elsewhere is reserved for Derry and his kinsmen in the North.

Source. 23 D 5, p. 335 (written by Richard Tipper, *ca.* 1715). A version in H. 1. 11, fo. 143a (copied in 1752 from Add. 30512, fo. 34b, in British Museum) is identical save for trifling differences in spelling. Evidently both versions go back to a near original.

The full poem consists of 21½ qq., of which only qq. 1-4, 6, 7, 13 and the final q. are reproduced here. The whole poem will be found in Transactions of the Gaelic Society of Dublin (1808), pt. 3, pp. 180 sq., edited by Theophilus O'Flanagan, who is rash enough to say that the poem "is undoubtedly Colum Kill's composition."

MS. Readings. 8 *naoimh*. 28 *is teachtmhuinn*. 29 *Gin co bheath*.

Qq. 1-4 are in loose Rannaíocht metre; the others in loose Debhí, with shortening of the first line in qq. 5-7. As in the preceding poem, there are several imperfect rimes, e.g. *Í* : *dlaoi* in ll. 3-4; similarly the end-rimes in ll. 2-4, 23-24, 27-28, 31-32.

48

The poet, about to set sail from Ireland, asks God to bless his ship and to grant him a prosperous voyage.

Sources. 23 D 4, p. 96 (the earliest and best MS.). H. 6. 7, p. 16.

An imperfect version (consisting of only qq. 1, 2, 5, 6, 7 and 9) in E. iv. 3, p. 173 (written, probably from memory, by Aindrias Mac Cruitín in 1727) tells us in the title that the ship had been given to the poet by Ó Flaithbheartaigh.

On the other hand a note at the end of a copy of the poem in Mur. 48, Maynooth (1818), runs : *Air luing Dhómhnaill C[h]uím do bhí Muiris an tráith seo, ag dul don Spáin.* Of Domhnall Cam Ó Súilleabháin of Béara traditions are still current among the Irish-speakers of that district and of South Kerry. He is to be identified with Domhnall, Ó S. Bhéara, the hero of the celebrated retreat from Glengariff to Leitrim in 1602, who went to Spain early in the reign of James I and was murdered there in 1618. Cf. *Dómhnall Cam a bhfeall do cailleadh san Spáinn*, 23 E 15, p. 232. According to Ml. Óg Ó Longáin Muiris's voyage to Spain took place during the reign of Elizabeth (*a bhflathus banríog*han *Eilíse*, 23 H 24, p. 36); but, for more reasons than one, this is probably placing it too early.

MS. Readings. Only those instances are recorded in which the text of D has been departed from. 4 *sromhuinn* DH. *daingin* D ; *daingean* H. 5 *gairbhshíon* MSS. 7 cuir] sic MSS., but the metre would require a form *cur* to rime with *dul* (l. 8). 8 *d(h)uinn* D ; *duinn* H. 15 *tsíon* DH. 25 *ghrianbhaghadh* D ; *ghrianbhathadh* H. 26 *an ghaoth* H ; *gaoth* D. 29 *foithleimneach* D ; *foiléimneach* H. 30 *núr* D ; *ndúr* H. 33 *Brug* (with following adjj. unaspirated) D ; *Bhrúgh* (fem.) H. 37 *sinne* D ; *sinn* H. *rann* DH.

Instead of ll. 41-44 (found in D and elsewhere) some MSS. (*e.g.* H) have a different stanza, which I give here in the spelling of H :

Beannuig an long so anonn tar sáile ag dul,
Bhachalach thrúmpach lonnrach láinchlisde,
An chreatalach sgonnsach riúntach láintsiosmach
Mharbhthach bhronntach cobharthach áthasach.

It is not unlikely that both this and the stanza printed in the text are later additions. If *na bhfuile*, which is the reading of D in l. 42, is correct, these lines must have been composed by another poet; later MSS. read *na bhfuilim* here.

The following English version of the poem is from 23 H 24, p. 37 (in the hand of Ml. Óg Ó Longáin). It is also found in Mur. 48 (Maynooth), pp. 71 sq., written in 1818. In neither MS. is the translator's name given. In spite of its freedom and its extreme verbosity the translation is not devoid of merit.

Bless our good ship, O Lord of heavenly hosts ;
Save us from winds, from waves and dangerous coasts ;
Let thy celestial angels spread their shields
And guard us safely through these azure fields.

O calm the roaring of the angry storm,
Nor let its furious blasts the sea deform ;
Check the fierce vernal winds till we escape
The threat'ning dangers of yon dreary cape.

I grieve to leave Temora's splendid seats,
Where heroes dwell, monarchical retreats
Where ancient hunters shouted through the vale,
And near the sunny streams prolong the tale.

Do thou, O Lord, direct our swelling sails
Through raging oceans with propitious gales ;
Where angry storms their dreadful strife maintain,
Let smiling suns and gentle breezes reign.

Stout is my well-built ship the storm to bear,
Aloft her masts and cordage rise in air,
While her proud bulk frowns awful on the main,
And seems the fortress of the liquid plain.

She braves the shock of fight and cleaves the storm
Where ruin wears its most tremendous form ;
On the fierce necks of foaming waves she rides,
And through the sea her course triumphant guides,

As though beneath her frown each wind were dead,
And each blue valley were their silent bed,
When her sharp keel, where dreadful splendours play,
Cuts through the foaming main her liquid way.

Her stately side a glossy polish shows,
And gunnel bright with golden lustre glows ;
Her speckled bosom in the deep she laves,
And high in air her curling ensign waves.

Like th' angry griffin she assumes the fight,
Fierce on she rushes, conscious of her might;
Like the red bolts of heaven she pours her shot,
Dire as their flight, and as their lightning hot.

God of the winds! safe passage now bestow,
Soft o'er the deep may prosperous breezes blow;
O'er the rough rocks and waves do Thou preside,
And through the slumb'ring deep our progress guide.

THE EPILOGUE

Speed my good ship along the rolling sea,
O Heaven! and smiling skies and gales decree;
May she be strong in war, and rich in peace,
Terror before her fly, and danger cease.

O Christ, Who suffered for me, hear my prayer;
My ship, my self and crew, take to Thy care,
And safely waft us through the smiling main,
Till from Dunboy we reach the Groyne in Spain.

[MS. readings in above :—l. 29, sides . . . show. l. 30, glows. l. 38, flow. l. 42, O Heavens !]

49

A Franciscan exile's thoughts on his native land. " It is for Christ's sake that I have torn myself away from my kinsmen and companions."

SOURCES. 23 I 40, p. 189. 23 F 16, p. 89.

The full poem consists of 29 qq. After l. 40 there is an apologue of 16 qq., here omitted, telling how Louis (*Labhaois*), son and heir of the King of Sicily, left his father and entered the Franciscan Order.

The date at which our poet flourished is uncertain. I have met with only one other poem ascribed to him, viz. *Bean ar n-aithéirghe Éire*, an address to Niall Mór Ó Néill, who died in 1397. But the authorship of this poem is very far from certain. Although it is ascribed to Tadhg Camchosach Ó Dálaigh in 23 F 16 (p. 55), 23 I 40 (p. 196), and 23 D 5 (p. 306), it is important to observe that in each of these MSS. the original scribe left the poem anonymous, the ascription being inserted in a later hand. In 23 G 12, p. 165, the scribe (John O'Cleary, *ca.* 1836) attributed the poem to *Tadhg Ó Dalaigh*, but a later hand (probably O'Curry's) has inserted *Camchosach* after *Tadhg*. In 23 C 33 a copy by Peadar Ó Longáin is headed *an fear ceadna cct*, the preceding poem being by Eóghan Ruadh Mac an Bhaird, but this is wrong, for the poem is much earlier than Eóghan Ruadh's time. Portion of the poem is given in the Scottish Book of the Dean of Lismore (p. 122 of the MS.), which attributes it (wrongly) to Donnchadh Mór Ó Dálaigh.

MS. READINGS. 1 *ghradh* or *ghrádh* IF, here and in l. 48. 3 *fond* I; *an fond* F 6 *dhimbrigh* I; *dhimbhrigh* F. 8 *fiana* IF. 10 *teacht* F. 11 *ind* I; *inn* F. 17 *Go madh* F. 18 *mathair mo mhathair* F. 19 *sa mhaicne* F. 20 *an aicme gér shdor chairdeach* F. 22 *cumtha is* I; *comhtha agus* F. 23 *iomráidh* I. 24 *muna abruinn* I (the earlier aspirating use of *muna*). Qq. 7 and 8 are transposed in F. 26 *diath nereann* I. 27 ní] *acht* I. 29 *da* I; *tta* F. 31 *anáira* I. 32 *roshloga* I; *ro logha* F. 34 is] om. I. *tsháoghalta* F. 41 *righ* I; *rí* F. *fachain* F. 43 *nar* repeated before *fhallsa* I. 45 *fine Ghaoidheal* I; *fine Ghaoidhil* F. 46 ní] *sní* F. 47 *láimh* F. 49 Ar] *Do* I. 50 *oirdherc* I; *oirdheirc* F. 51 *chuirp* I; *fhuilt* F. 52 *dealbha* I; *dealbhdha* F.

The final q. is a supplementary one in honour of the Blessed Virgin.

50.

A poet's words of farewell, as the Irish coast recedes from his view.

The author, who belonged to a family of hereditary poets (hence the allusion in l. 53), was sailing to the Low Countries in order to study for the priesthood. He died, a Franciscan, in Louvain in 1614; and, so far as we know, he never had the opportunity he hoped for (l. 52) of seeing his native land again.

The present poem was edited, with translation and notes, by Miss E. Knott in 'Gadelica,' i, pp. 10 sq. (corrections, *ibid.* pp. 300-1), to which the reader is referred for sources and MS. readings. The text here printed is, with Miss Knott's kind permission, based on that in 'Gadelica,' from which it differs only in a few details. I have omitted a quatrain dealing with Aodh [Mág Uidhir], which in the MSS. is rather awkwardly sandwiched in between ll. 60 and 61.

L.8 has a syllable too many.

51

A farewell to Ireland.

SOURCE. H. 3. 19, p. 57, where it is headed *Brían mac Toirrdhealbhaigh Mic Giollapadraig cc.* .11. *Januarij* 1614.

A note at the end of the poem tells us where it was written, and shows that we are dealing with the author's autograph : *Finis risin tí tuasráiti sa lá reumhráite* ⁊ *is a tToigh na Coille Aodha* mic *an* C[*h*]*alb*haigh *do sgriob*hadh *so* ⁊*c*. Toigh na Coille is Tinnakill, near Mountmellick. In 1562 the castle and land of Tinnakill, as well as other lands in the neighbourhood, were granted to An Calbhach (son of Toirdhealbhach) Mac Domhnaill, and there are many other references to him and to his son Aodh (mentioned in the above note), otherwise Aodh Buidhe, in the Fiants of Elizabeth. Aodh was dead in 1621, when grants of livery and lands were made to his son and heir, " Fergus Donnell," as he is called (Cal. Pat. Rolls Ja. I, pp. 511a, 514a).

In its entirety the poem consists of 40 qq. In qq. 16-39, which are here omitted, the author bids farewell to various noble families of Leinster, including his own (the FitzPatricks), the Butlers, O'Connors, O'Moores, Dunnes, etc., and also to the clergy, physicians, poets and historians of Ireland, and to several personal friends whose christian names only are given.

The author, who was a scion of the ruling family of Upper Ossory (roughly the S.W. portion of Queen's Co.) was ordained priest in 1610, as may be inferred from a scribal note in 23 N 16, a medical MS. written mainly, if not wholly, in Upper Ossory : " *Dar Náil is amarach adéar*aidh *Brian mac Toirrde*al*b*haigh *a .c. aithfrinn in* .10. [corrected from .9.] *la do Iunius*, 1610 " (fo. 102b). The title to our poem shows him leaving Ireland early in 1615 ; but it is known that he was back again in his native district towards the end of 1617 (Carrigan, Hist. of Diocese of Ossory, i, 113). His literary taste is shown by his poems, of which some four in all have escaped the ravages of warfare and persecution. By his transcript (made in Castletown, in 1622) of the Book of the O'Byrnes he has placed all lovers of our literature under a lasting debt of gratitude, for otherwise this most valuable collection would have been utterly lost. Not long after the death (in 1650) of David Rothe, Bishop of Ossory, he was appointed Vicar General, and soon afterwards Vicar Apostolic, of the diocese ; but he did not long survive these dignities, for he was murdered by Cromwellians about the year 1652 (see Carrigan, *op. cit.*, i, 113-114).

MS. READINGS. 8 a úir ordhairc] nearly illegible in the MS. 12 partly indecipherable ; *a fhial* . . *sloigh shéughuinnsi* can be read; the printed text is doubtful, as *tsh* does not properly alliterate with *sh*. 19 *thfaicsiona*. 31 *rom*. 55 *roinn*.

The poem invites comparison with the two earlier poems which precede ; compare, for instance, q. 3 with 47, q. 2.

52

An exile's loving greeting to Ireland, addressed to a fellow-countryman who was returning to his native land.

Of the life of the author, who was a brother of Tadhg Dall Ó Huiginn's, very little is known. At the time when he composed the present poem he was in Rome (cf. l. 6). He was doubtless in Rome also when he was appointed Archbishop of Tuam, probably in succession to Nicholas Skerret (†1583). Our poem (see especially ll. 81-104) shows him torn by conflicting emotions,—a desire on the one hand to return to his beloved country and to labour there in the vineyard of the Lord, and on the other hand a yearning towards an asceticism which would renounce all, even his country and friends, in order to lead a truly spiritual life. It is pathetic to think that, though he finally chose the former course (which in those days was the prelude to an almost certain martyrdom), he was fated never again to see his native land, for he died on his way back, at Antwerp, *ca*. 1591 (O'Gr. Cat., 442).

SOURCES. O'Conor Don's MS., fo. 410a (" O "). A. iv. 3, p. 697. 23 I 40, p. 181.

After l. 72 I have omitted 5 qq. found in O and I ; only 2 of the 5 appear in A. A omits also 2 qq. near the end (ll. 101-108).

MS. READINGS. The text of I is inferior to those of the two others, and is only occasionally quoted here. 3 *náomhtha* O. *ttirmlinnti* A. 12 *stagh* aidh *ar íath* O ; *is agaidh díath* A. 13 *Na at congmh*adh O ; *Na congm*aigh A. 18 *ar fonn bfuin*idh O ; *ar íath fhuin*idh A ; *ar fhiadh bhfuinig* I. 20 *sní* O ; *nach* AI. 21 *Do chife uaid ochta beann* O ; *Da bfaicthea uaid dochtuibh beann* A ; *Da bfaictear uaibh ochta a beann* I. 24 *bhar n-* O ; *na h-* A. 25 *Dar* O ; *Ar* AI. 29 *ar theacht* O ; *ar ttocht* A. 31 *thiar* O ; *siar* AI. 33-36 come after 24 in O. 33-34 *fairc*si A. 38 *san tír* O ; *sa gcrích* A ; *san chrích n-* I. 40 *tar a* O ; *tar ar* A. 44 *ca bfaghtu*r O ; *gá bfoghar* A. 51 *sní* O ; *ní* AI. 55 *tír* O ; *críoch* AI. 59 *ler eidir* O ; *lén hed*ear A. 63 *ar ais* O. 64 *do badh* A. 68 *dár dhruid*

A. 70 *bethaidh mbochtoine* O. 71 *sa trdigh* O ; *go ttrdigh* A. 74 *feirde doilitre iad dfagbháil* O ; *feirdi doilithre a fágbhail* A (with signs indicating that the first two words should be transposed) ; *doilithre as fearr a fagbháil* I. 77 *Docracht* A (*A* om.). *úaithi sin* A. 78 *ó iath fuinidh* A. 85 *Mo* AI ; *Ar* O. *cháigh* O. 88 *feghan* O ; *bhféghadh* A. 90 *bethaidh ndaonda naing*lidhi O ; *beatha áonda aing*lidhi A. 93 *ráon* O ; *rún* A ; *run* I. 97 *b*adh *feidm* O. 99 *coilleighe* (with *troimeire* in next line) O ; I is similar. 101-108 not in A. 101 *tar ais* O ; *ar mhais* I. 107 *bhunaidh* O ; *mbunaidh* I. 110 *ler bháil* A ; *rer bháil* I. mh'] *m* O ; *mh* A ; om. I. 116 *ttrialluir* O ; *ttiaghair* A ; *ttiaghuir* I.

In l. 36 the MSS. read *is fearr fúarabhair* (or *fuar-*).

The reference in ll. 65-72 is to Tadhg Camchosach Ó Dálaigh, author of no. 49, supra. Ll. 67-68 seem to be a reminiscence of two lines of Gofraidh Fionn's ('Irish Monthly,' Jan. 1919, p. 2): *Dar ghabh an iris do b'fhearr,* | *dar sgar re hinis Éireann.*

53

"The darkest hour is nearest dawn; after oppression will come freedom."

For the author see notes on the preceding poem. The present lines were evidently written on the Continent and sent to Ireland. They are addressed to two "pastors" (*aoghaire*) whose identity the author, through fear of the religious persecution then raging, will not disclose beyond saying (l. 2) that *R* occurs at the beginning of their names.

Sources. O'Conor Don's MS., fo. 25b ("O"). 23 F 16, p. 191. 23 D 4, p. 136. In the two last MSS. (FD) the poem is anonymous.

MS. Readings. 2 *ga* OD ; *na* F. an R] .*R*. F ; *a nearr* OD. (There is probably a play on words here : *R*=*earr*, 'end,' contrasted with *tosach*, 'beginning'). 3 *fhior* D ; *ar* F ; *lucht* O. 4 níos] *ní* O ; *ni* FD. 5 *Deagla* F. 7 *le fuar leithre* F. 8 *do chiomuid croidhthe* O ; *do chíd ar ccroidhe* F. Qq. 3-4 interchange in F. 10 *déis* O ; *déis an* F ; *tar éis* D. 11 *fuilnge* O. *fuilngidh ar feadh an orrluidhe* F. 14 *grasa* F. 18 *tráth duinn* D. *tar* O ; *no* FD.

The first q. is quoted (without author's name) in O'Molloy's Grammatica Latino-Hibernica (1677), p. 206. O'Molloy reads in l. 2 *ga bhfuil an earr* ; l. 3 *duamhen fhir* ; l. 4 *ni as sia da nodadh.*

For the proverb in ll. 11-12 see 'Miscellany of Irish Proverbs,' 331 ; and for the general sentiment of the poem, see *ibid.* 75.

54

On the enslavement of the Irish people.

The poet was an Ulsterman, and it is evident that this mournful but majestic poem was written soon after the Plantation of Ulster, *i.e.* about the year 1612. The poem *Cáit ar ghabhadar Gaoidhil,* written about the same time by Lochlainn (mac Taidhg Óig) Ó Dálaigh, has points of similarity; compare the extracts in O'Gr. Cat. p. 374.

SOURCES. 23 F 16, p. 14. 23 I 40, p. 192.

MS. READINGS. 4 *ar nimh niomh* F; *a nimsnimh* I. 6 *anioghbhóigh* F; *a ndiobhóigh* I. 7 *le crilighe* I. 8 *toirrimhe ttill*eadh I. 11 *geall* I. 15 *meirtnidh* F. 16 *aitheanntar* F; *asteintir* I. 17 *chíach* F. 18 *ghaoidhil* F. 19 *ceath grianbhaithfeas* I. 20 *diarghnaithios* F; *dfhiarghnathcheas* I. 22 *fiú* FI. 30 *daimh danortha* F; *damh dhanortho* I. 31 *a ngroidheadh* F; *ghroidheadh* I. 33 *gall* F. 35 *margaibh* I. 37 *Ní aithn*eadheann F. 38 *fonnmhóra* F; *fonnmora* I. 39 *an áir* F. 40 *saxáin* F; *Saxaigh* I. 41 *aitnighid* I. *gaoídheal* F; *ghaoidhil* I. 42 *macaoimhidh* I. 43 *aithin* I. 44 *téd* I. 46 *cuinn* I. *comhthaighthe* F; *comhaighthi* I. 48 *an droing ndeorata* I. 50 *foirne* F; *foirni* I. 51 *tholladh* FI. 52 *is í* F. *dfheadomar* F. 54 *laoí* F; *ghaoithe* I. 55 *tiomchail* F. 56 *thí* I. 59 *leat* F. 62 *gan dichleith a ndiamhoruibh* I. 63 *a tád* I. *o thailltean* F. 64 *bfháidh* F; *bhfád* I. 66 *Egipt ar ethrén* I. 67 *mileadh* I. 69 *mic tuireadh* I. *a ttúaig* F. 73 *Ag slogh éirinn* F. *fheóir* F; *fhóid* I. 74 *ionnsamhail hectoir* F; *ionshamhuil earcoil* I. 75 *mic* F; *no* I. 76 *ndiongbadhsan* F; *ndiongmhatsan* I. 77 *a* I; *do* F. *ratha* FI (which may be correct). 78 *fa tteacht* F. 79 *nar fheagh ruinn* F; *nar fheag ind* I. 80 *a nathchraoisi Feidhlim* I. 82 *ar deoradhacht* I; *choidhche ar deóruidh*eacht F. 86 *danair ndúraingidh* F; *danar ndurainglidh* I. 87 *findénghlan* I. 90 *danab ainm* F; *dar bhainm* I. 91 *ar laimh biodhb*adh I. 93 *gcuiridh* I. *dóith* F. 94 *sguith on sgíthia* F; *scuit on Sceitia* I.

55

" Ireland lives no more,—may her spirit rest in peace !"

Evidently composed in the early part of the seventeenth century, after the Flight of the Earls (which is alluded to in ll. 11-12). In 23 E 15, p. 160, Mícheál Óg Ó Longáin gives the date as 1609, which is much more accurate than such guesses of his usually are.

SOURCES. 2 g 14, Maynooth, p. 427, in the hand of Eóghan Ó Caoimh, 1704 (" M "). H. 4. 5, p. 160. There is an inferior version, in the hand of Mícheál (mac Peadair) Ó Longáin (but mostly inked over in a later hand), in 23 N 12, p. 30; this has only 9 qq., viz. 1 *ab* +4 *cd*, 2, 3, 5, 10, 12, 11, 6 *cd*+9 *ab*, 9 *bc*+17 *cd*. Some later copies in the hand of Mícheál Óg Ó L. (e.g. that in 23 E 15) are evidently based on 23 N 12.

In M the poem is ascribed to " Tadhg Dall O Higin " ; but this must be wrong, for Tadhg Dall died in 1592 or thereabouts. There is no ascription in H. N attributes it to " Fearflatha Ua Gnioma " (i.e. Ó Gnímh), which may very well be correct.

MS Readings. The text of N, being usually inferior, is rarely quoted. 1 M inserts *uaim* after *Beannacht*. 3 *na bogghlór* M ; *mbogghlór* (without article) H. 8 *laoidhe* M. 10 *tréad* (?) M ; *tréid* H. 11 *Easbainn* M ; *Easbáin* H. *Eadáil* is suggested by N's reading, *chéad .ll.*, as well as by history. 15 *an chríoch* H ; *Críoch* M. 16 *do chúmha fíorain* (?) *dá folcadh* M ; *do chur fíréin da bhfolcadh* H ; *do chuir fíréin da bhfolach* N. I am uncertain of the meaning of the line, and of the true reading. 18 H inserts *na* (i.e. *ná*) before *ar*. 22 *an tánach* M ; *an tanach* H. 23 *ógán* MH. 24 *fódbhán* M ; *fódbhan* H. 26 *diarmo* H. 42 *seanbhlod* M. 44 *gion go bhfaghtha* (or perhaps *-ar*) M ; *gan go bhfaghthar* H ; *gion go bfuil* N. 46 nár fhuirigh ó] *nach tilleadh ó* M ; *nach fanadh ó* H ; *nár sguireadh as* N. 47 *an chithshluaigh* M ; *an chiothshluagh* H. 48 *mudh braon díombuadh* M ; *mo bhraon diombuan* H ; *mo bhron biothbuan* N. 51 *na slata* H ; *na flatha* M. 52 ar] om. H. 54 *feine* M ; *feinnidhe* H. *ngliathaibh* H. 59 *Chaoi* M ; *caoi* H. 62 *teacht* M. *ó oilbhéim* M ; *ó noilbhéim* H. 64 *gaoidhil* H. 65 fá anshúil] *bán súl* M ; *bansúl* H. 66 *galair* H. 67 *gan ith gan bhláth* M ; *an ioth gan bhláith* H ; *gan ioth gan bhliocht* N.

56

An address to the castle of Donegal, after it had been demolished by Aodh Ruadh Ó Domhnaill to prevent its being garrisoned by the English.

Sources. A. v. 1, fo. 75b. 24 P 27, p. 133. O'Conor Don's MS. fo. 178a (" O "). 23 L 17, fo. 88b. The texts of A and P resemble each other closely; while those of O and L (the latter being derived from a MS. written by Domhnall Ó Gadhra) are evidently akin.

The titles in POL give merely the author's name. That in A affords additional information, and is as follows : *An Maolmuire cédna do rinne an dán so eile ag éccaoine caisléin Dhúin na nGall do briseadh le hÚa nDomhnaill iar ngabháil tighernais do, ⁊ iar mbriseadh cheithre ccaislén décc do chaislénaibh Contae Sligidh ar dhaigh ná ro aittreabhatais Goill inntip ag aidhmhilleadh na tíre iná* (sic) *nuirthimchioll. Anno Domini* 1595.

The castle of Donegal was erected by the earlier Aodh Ruadh Ó Domhnaill, who died in 1505 (l. 70 of poem, and F.M. *s.a.*). Elizabeth's deputy, Sir Henry Sydney, who saw the castle in 1566, wrote of it: " This castle is one of the greatest that ever I saw in Ireland in any Irishman's hands . . . and so nigh a portable water as a boat of ten tons may come within twenty yards of the castle " (Jrnl. Roy. Hist. and Arch. Assn. of Ir., 1870-71, p. 22). The demolition of the castle, lamented in the present poem, has curiously escaped the notice of the Four Masters and of the biographer of the later Aodh Ruadh, but the date assigned in the prefatory note in A may be taken as correct. In 1595 Aodh Ruadh (who had been elected lord of Tír-chonaill in 1592) demolished the castle of Sligo and thirteen other castles in Connacht to prevent their being garrisoned by the English (' Beatha Aodha Ruaidh,' p. 106, agreeing with the note quoted above); and it is very probable that, as stated above, he razed his own castle of Donegal at the same time. The far superior equipment of the English in muskets and artillery in Elizabeth's day made it almost impossible for the Irish to recapture their castles once they fell into enemy hands; hence the policy, inaugurated by Seán Ó Néill and continued by other Ulster princes, of demolishing these castles at critical times during their war of defence against Elizabeth.

The author of this fine poem, Maolmuire (mac Conuladh) Mac an Bhaird, was killed fighting against the English in 1597 (FM. p. 2017).

A free and rather inaccurate English translation was printed by Petrie in the ' Irish Penny Journal,' i, pp. 186-7 (1840). This was turned into verse by James Clarence Mangan, whose rendering will be found in Meehan's ' Fate and Fortunes of the Earls of Tyrone and Tyrconnel,' 3rd edn., pp. 415 sq. Both Petrie and Meehan err as to the date of the demolition of the castle, the former placing it in 1601, the latter in 1602.

MS. Readings. 3 *dheilbh* OL; *sgeinm* AP. Qq. 2 and 3 interchange in O. 7 *fhaoluibh* O; *aol*adh AP; *aoladh* L 8 *an lartoch* A. *aon*ur or *aon*uir O; *a ḋonar* A; *aonar* PL. 13 *b(h)finte* OP; *bfínte* L. 17 dúnadh do] *as dúnadh dot* A. 18 *chomhladh clársholuis* (with *dhoruis* in preceding line) P. 25 *dhoirseach* APL. 26 *an fulang* O; *a fulang* P. 31 *cru ccuinn* O; *chru cuinn* P; *chrú chuinn* L. 51 *muigh*igh AP; *mhoigh*igh O; *amuigh* L. 52 *a haithle an óil sa naonuigh* L. 59 *sdorshreabh* PO; *saoirthreabh* AL. 66 *-aolta* POL. 70 *rot thóghoibh*

A ; *rod toguibh* O ; *ród toghoil* L. 71 *nír bh* A ; *nir* P ; *ní h* OL. *nar baoi binn* A ; *nar aoibhinn* P ; *nár aoibhinn* O ; *nur aoibhinn* L. 72 *a linngheal* L (perperam). 74 a] *do* O. 75 *a phuirt* A ; *a puirt* O. 76 rod-ch.] *rot c.* A ; *rod c.* O ; *ród ch.* L. 81 *olc* O ; *olca* L. 82 *rod* AP ; *rot* O ; *do* L. 83 *a* AP ; *tú a* OL. 84 le] *o* O. *d. d.* AP ; *dh. dh.* O ; *nd. nd.* L. 87 *mbog* AP ; *mbreac* OL. 92 caoin] *taoibh* O. 93 *do ruacht* OL. 95 *do chichseadh* A ; *do chioseadh* P ; *do ceisfeadh* O ; *do chifeadh* L. 96 *miondubh* APL ; *mondubh* O. 99 *tiormthor* AP ; *gormthor* O ; *thiormchor* L. 101 *Aiteochaidh tu in bur ttaisibh* O. 114 *gerruis* O. *don* AP ; *gun* OL. 119 *na* OL ; *a* AP. 122 *ar tternúdh* A. 123 th., gh., gh.] *t.*, *g.*, *g.* A. 129 *ón* APL ; *an* O. 130 'na] *na* APO ; *do* L. 131 id] *it* A ; *at* P ; *a* O ; *do* L. 132 uai-] *fhúai-* A ; *fuai-* PL ; *fúai-* O.

57

On hearing a dove coo from a deserted mansion.

Sources. E iv. 3, p. 48 (transcribed by Aindrias Mac Cruitín, 1727). 23 A 17, p. 26 (transcribed 1803). The first q. is found in Nat. Lib. MS. 12, p. 65 (1775).

There is no title in E. In A the poem is headed *Aodh Buidhe cct.*, but this may be set down as a bad guess.

The poem, which, as we shall see, belongs to the early 17th century, gives us little definite information concerning the circumstances in which it was composed. The deserted mansion was certainly situated in Clare ; it was on the sea-coast (l. 23) ; it had belonged to *ua Róigh* (l. 6), i.e. a descendant of Róigh. Now the three principal families that were supposed to descend from Róigh (the mother of Fearghus mac Rosa Ruaidh) were Ó Lochlainn of Burren, Ó Conchobhair of Corcamroe (Co. Clare), and Ó Conchobhair of Kerry. The last-named family had no connection with Clare ; hence one of the other two must be referred to here. Theophilus O'Flanagan, who printed ll. 33-36 in the 'Transactions of the Gaelic Society of Dublin' (1808), pt. 3 p. 24, says that these lines were "spoken by a bard of the last, or preceding century, upon hearing a dove coo from Mothar-I-Roy, the Ruin of O'Conor Corcamroy's mansion, in the north-west part of the County of Clare." "Mothar-I-Roy" is a fictitious name ; and it would seem from the spelling "Corcamroy" that O'Flanagan imagined that the last syllable of Corcamroe (*Corca-moruadh*) contained the personal name *Róigh* (which he anglicizes "Roy"), with the result that he assumed that the mansion was situated in Corcamroe and had belonged to O'Connor. In any case the O'Connors of Corcamroe had been reduced almost to insignificance as early as 1580, when we find them in possession of but one castle, that of Ennistymon.

We may take it as certain that the poem refers to a castle of the Ó Lochlainns. E. iv. 3, the earlier of the two MSS. in which our poem occurs, may be described as a 'Book of the Ó Lochlainns' (see R. I. A. Cat., 51 sq.), and every one of the 23 or 24 poems preceding ours in this MS. is concerned with the Ó Lochlainn family. In 1580 the Ó Lochlainns owned four castles situated on or near the sea, viz. Gleninagh, Ballyvaughan, Shanmuckinish and Muckinishnoe. Of these I have no doubt that the castle of Shanmuckinish is the one referred to in our poem. Writing from Ennistymon in 1839 O'Donovan says :— "The castle of Shanmuckinish [which] is now generally called the castle of Ballynacregga, is beautifully repaired by Capt. Kirwan of Dublin, who has lately purchased the land on which it stands from Blake of Menlo, and who intends to live in it during the bathing season. . . . The last O'Loughlin who lived in this castle was, according to tradition, *Uaithne Mor*, 'Antonius Magnus,' but his period is uncertain, though some are positive that he was living in this castle one hundred years ago" (O. S. Letters, Clare, i, p. 80 ; cf. also O'Donovan's note in FM., v, 1816). Shanmuckinish Castle is about three miles N.E. of Ballyvaughan, and is separated by a narrow bay from Finavarra (*Fiodhnach Bheara*), where the Thomond branch of the Ó Dálaigh family were settled as proprietors until the middle of the seventeenth century. It is very probable that the author of the present poem was one of these Ó Dálaighs.

This Uaithne, otherwise Uaithne Mór, was grandson of Uaithne Ó Lochlainn, lord of Burren (†1590), and his possessions included the castles and lands of Muckinish and Glencolumbkille. He died without issue, or with no surviving issue, in 1617. (See Frost, Hist. of Co. Clare, pp. 307, 438, 440, and the pedigree in R. I. A. Cat., p. 52.) In 1621 these castles and other lands of Uaithne's were granted (Cal. P.R. Ja. I, 501b) to Valentine Blake, of Galway, who had already in Uaithne's lifetime acquired an interest in certain of his lands (Frost, *op. cit.*, 307). Uaithne was married to Fionnghuala Ní Bhriain. About the year 1616 we find mention of "Fenole ny Brien," aged about 58, "wife to Owny O'Laughlin of Moyrin in Clare co., gent." (Cal. P. R. Ja. I, 301a) ; "Moyrin" here must be a misreading for Mockins or some such spelling of Muckinish (Ir. *Muicinis*). Immediately preceding our poem in E. iv. 3 is an elegy by *Fionnghuala inghean Domhnuill Ui Bhriain* on the death of Uaithne, who is evidently Uaithne Mór Ó

Lochlainn, her husband.* Here we have the explanation of the last quatrain but one of our poem, where the poet laments that *inghean Domhnaill* is without heir or posterity.

It should be noted that there is nothing in the poem to justify O'Flanagan's speaking of the castle as "a ruin." The poem was evidently composed not long after Uaithne Mór's death, and while the castle was untenanted. From the following quatrain which comes immediately after our poem in E. iv. 3, and which, we may assume, refers to the same subject, we infer that, when the castle ceased to be occupied by the Ó Lochlainns, it was tenanted, for a while at least, by Ó Marcacháin (angl. Markahan, Markham), a member of a Clare family of lesser note :—

Seán Mac Conchubhair cct.

Is cóir mheasaid cách
  gur mheath an dáil mheardha mhór
Don phór neartmhar árd
  nar chealg dáimh eattorro ar ttós ;
Is ceo seachmoill dáibh
  do mhear a lá mearaighthe dhóibh
Ó Mearcacháin
  a cceannas áit sleachta Mhic Róigh !

MS. Readings. Only departures from the text of E are here recorded, as a rule. N=Nat. Lib. 12 (first q. only). 1 *a chuilim* EN ; *a Chuillim* A. 2 *dá bhrí* E ; *dá bhíoth* A ; *dá bhrigh* N. 4 *is mairg nách ad thocht do bhí* E ; *is trúaidhe nách ad shost do bhís* A ; *is truagh nach ad shost do bhiodh* N. 5 A] om. EA. 6 *iosdaigh* E ; *aosda* A. *múr* E ; *mhúr* A. 7 *meanmna* E ; *meannamnainn* A. 10-13 are omitted in E owing to the scribe's eye having wandered from one *a chuilim* to the other. 10 *a chuillim* A. *díbh* A. 11 *feicir* A. 14 *a chuilim chuilim bhric* E (with deleting marks over the second *chuilim*) ; *a chuilim mhúgha* A. 15 *tharbaidh* E ; *háirígheabh* A. *dhúin* EA. 17 múr] *múrso* E ; *Mhúir seó* A. 19 *gáir bhfleagadh fairrsing* E ; *gáir na bhflaith fairsing* A. (Compare *iostad[h] na bhflaith bhfairsing bhfíonmhar*, Keating's Poems, 1570.) 21 laoch] *na laoch* EA. 22 *scot* E ; *stoc* A. *a ccean* E ; *na*

---

*Part of this elegy laments the death of the Earl of Thomond (†1624); either two distinct elegies have been run together, or the part referring to the Earl is a later addition.

cceann A. 26 na] *digh* E ; *na* A. 27 *bhinnfhoclaibh* E ; *bhinn fhocalach* A. na mban] *ban* EA. 29 Inghean] *Sí inghion* E ; *Inghín* A. mhear] *bhear* E ; *bhéir* A. 35 *tulaigh uí Róigh* E ; *tulla uí Ró* A. *murrtha* E ; *Múire* A. O'Leary quotes in his 'Mo Sgéal Féin,' p. 101, a version of ll. 33-36 which he had seen in a Maynooth MS. It agrees pretty closely with the version published by Theophilus O'Flanagan (alluded to above). There are also versions in nineteenth-century MSS. in the R.I.A., but they appear to have been copied from O'Flanagan.

The following from Whinfield's 'The Quatrains of Omar Khayyám' (p. 262) reminds one of the present poem :

Yon palace, towering to the welkin blue,
Where kings did bow them down, and homage do,
I saw a ringdove on its arches perched,
And thus she made complaint, Coo Coo, Coo, Coo !

58

On the deserted state of the castle of Glashare.

SOURCES. 23 F 16, p. 127. 23 G 23, p. 211.

The poem is anonymous in F. In a copy of it which was in O'Curry's possession it was ascribed to Tuileagna Ó Maolchonaire (Academy Cat., R. I. A., p. 407). G ascribes the poem to "Máoldomhna Ó Muiríosáin" (*i.e.* Maoldomhnaigh Ó Muirgheasáin, who flourished about 1640), but it is a late MS. and little reliance can be placed on it.

Glashare is in the north-west of Co. Kilkenny, near the Queen's Co. border. From the references to the place in the Fiants of Elizabeth it seems clear that the castle of Glashare belonged to the Grace family. Thus in 1567 we find mention of "John Grace, of Glasshare, gentleman," as also of "Hugh M'Gennay," harper, of the same place (F.E. 1065). In 1584 Philip Grace, son of John, lived there, and in 1594 Alexander Grace, son of Philip (*ibid.* 4386, 5875). On the other hand in 1600 we find recorded the names of fourteen people belonging to Glashare, but among them there is no one of the name of Grace (*ibid.* 6442). It is a not improbable conjecture that this branch of the Grace family had shortly before this time been "in rebellion," and that the castle had suffered in the wars and had passed out of their possession. O'Curry (*loc. cit.*), it may be worth noting, conjectured that the poem was written "about the year 1600," a date which would harmonize very well with the ascription to Tuileagna Ó Maolchonaire, who is known to have flourished in the Kilkenny district 1584-1603 (see Proc.

R. I. A., xxxvi, C, 88-89). Furthermore there is good reason to believe that a daughter of the poet's was married to the proprietor of Glashare castle, for in 1602 we find a pardon granted to "Alexander Grace fitz Philip, of Monenemuck, yeoman" (*i.e.* of Moneynamuck, which is close to Glashare), and to "Grany fitz Tullignie, his wife" (Fiants Eliz., 6704). Now Tuileagna was a name peculiar to the Ó Maolchonaire family, so that "Grany fitz Tullignie" can only mean Gráinne, daughter of Tuileagna Ó Maolchonaire. From l. 22 of the poem we are probably justified in inferring that it was composed about the year 1603, when Ireland lay crushed after the disaster of Kinsale.

MS. Readings. Only some of the variants of G are recorded. 2 is] *s* F; om. G. 4 is] om. F; *s* G. 5 *ocháin* F. 7 *a chur* G. 9 *ceól re gach* F; *eól gachre* G. 10 *teagh sin* F; *teach soin* G. *ar ttois* F; *air ttúis* G. 12 mór] *mur* F; *mo* G. 13-16 are not in G. 14 *ní bú* F. *mair* F. 15 *se fa líagh* F. 16 *bunsgionn* F. *diadh* F. 17 *tigh* F. nd.] *dh.* F; *d.* G. 22 *thraoth* F; *tráochach* G. *anois* FG. 24 *go cáolaibh cos* G. 26 *san teach sin* F; *san teach soin* G. 29 ag dula] om. F; *a dul* G. 30 *bhíodh* F; *bhiadh* G. 31 *do ghlais áir do baine*adh *a bríogh* F; *glais áir fá mearar ár mbríogh* G. 32 *tarthe* F; *táir* G. *meidhir* FG. 33 *úair* F; *fhuar* G. 34 *an teach sin ó ainmire ar ndóil* F; *an teach soin úa ainmhire óir* G (with *úa* smeared). 36 *teach* FG. 37 *dhocair dúin* F; *deacair dúinn* G. 39 'na] *a* F; *ina* G. 40 *nó an ceól* F; *ann ná'n tól* G. 42 *liobhr*adh F; *leábhra* G. 43 n-ar] *búr* F; *bhúr* G. 44 *do theadh dar mó búr mian*, with *A mhna*, the opening words, repeated F; *don teach dar mo miann gach mná* G.

A corrupt version of ll. 21-24 is erroneously included among the poems of Séafra Ó Donchú, ed. Dinneen, ll. 618 sq.

59

Meditations on a ruined abbey.

Sources. 24 A 22, p. 255, written by Mícheál Ó Horgáin, 1824. Mur. 48, Maynooth, p. 66; this part possibly in the hand of Bishop Murphy; dated 1818 on title-page ("M"). 24 C 13, p. 81, written by Rev. Matthew Horgan. There is little difference between these three versions, but on the whole A and M are better than C.

The title in A is *Machtnamh an Duine Dhoilghíosaigh .i. Seán Ó Coileáin cct.* 1814, *air fhaicsin Mhainistir Thiomolaige.* The title in M is practically identical with this, save that it gives the date as 1813, and has also an English title, "The Melancholy Man's Meditation." C puts the author's name, "J. Collins," at the end of the poem, and besides the title, *Machtnamh an Duine Dhoilghisigh*, it has the following notes in English at the head of the text : " I put the 7 verses on this subject into his hands on June the 10th, when he returned the following beautiful Poem to me on the 16 of June 1819. He retains in this allmost all my line[s]." " I must remark that there were 7 or 8 verses which I prevailed on him to rescind altogether, thoug[h] the[y] may be very good. M.H."

" The 7 verses on this subject," alluded to above, are a series of seven indifferent quatrains composed by Father Horgan himself, and given earlier in the same MS. (C, p. 72) under the title " The melanc[h]oly Man's contemplation. Friday June 10th 1819." The first quatrain is :

> Bhí an Rae ⁊ na Raelt*a* suas,
> do csúbhal mé go fann do chois ;
> doras Cille chonarc reóbham,
> is na hulcabcain bo clos.

A comparison of the two poems shows that Horgan's statement that Ó Coileáin retained almost all the lines of the earlier poem is much exaggerated. In fact only four or five lines of Horgan's poem can be said to be " retained " at all. The rest of Horgan's verses were altered and improved beyond recognition in passing through Ó Coileáin's hands, while two-thirds of Ó Coileáin's poem has nothing in the shape of an original.

In M, p. 68, Father Horgan's poem of 7 qq. is (no doubt, erroneously) attributed to Seán Ó Coileáin, the title being " The Melancholy Man's Contemplation, by John Collins." In the same MS. (p. 77) an English verse translation of Ó Coileáin's own poem is given with the following title : " The Melancholy Man's Meditations on seeing the Abbey of Timoleague in 1813, written in Irish by John Collins of Skibbereen, a genius of the first class who kept a school in that town & died in 1817, and translated by Mr John Ceaser in Cork, for, & at the request of Mr John Kirby." The first line is " One night I sat alone in pensive mood." Another version of the same translation, " revised by Mr Danl Herlihy of Ross," is given *ibid.* p. 83.

Seán Ó Coileáin lived at Myross, near Glandore, in Carbery, in the south of Co. Cork. He died in Skibbereen on the 18th of April, 1817, as we learn from the title prefixed to an elegy composed by Mícheál Óg Ó Longáin on his death (*e.g.* 23 C 33, p. 1, which is an autograph copy). In a second, and anonymous, elegy the date of his death is given internally as 1817 (*ocht gcéad déag . . . 's a seacht 'na n-éis ar aon deich*)[1] The same date is given in the note quoted from M in the last paragraph. On the other hand the prefatory note in C (also quoted above) says that the poem was composed in June, 1819, that is to say, two years after the poet's death ! That the latter date is a mere blunder does not admit of doubt. C is a collection made by Father Horgan of some of his early translations and original verse ; the various pieces in it are not given in chronological order, and were evidently copied by their author into this MS. at a later period with a view to their preservation. A, as we have seen, gives 1814 as the date of Ó Coileáin's poem ; and it would appear that in transcribing both his own and Ó Coileáin's poems Horgan misread " 1814 " as " 1819," and that his memory was not active enough to detect the anachronism. This conjecture is rendered all but certain by a consideration of the date, " Friday, June 10th, 1819," which he prefixes to his own poem ; in 1819 June 10th fell on a Thursday, but in 1814 on a Friday. Some other MSS., including M (see above) and 23 C 18, p. 229 (transcribed in 1826) give the date as 1813, but 1814 is more probable.

Father Matthew Horgan, a man of varied attainments, was Parish Priest of Blarney from about 1817 to his death in 1849. (An account of his life, with specimens of his Irish compositions, will be found in 'Irisleabhar Muighe Nuadhad,' 1913, pp. 60 sq.). He was in Carbery when the present poem was composed, for a rough copy of his " Melancholy Man's Contemplation " in C, pp. 73-74, has at the end the word " Carberry " written after the initials " M. H." " Father Matt," as he was known, was much given to writing Irish verse ; but both his original verse and his translations in this MS. (C) are, as a rule, exceedingly stilted and un-Irish, though in later years he seems to have acquired a certain fluency and naturalness.

Although our present poem is vastly superior to anything that Horgan himself could have done, nevertheless one is safe in saying that Ó Coileáin could not have composed it without Horgan's inspiration. Not alone did he follow (while considerably improving it) the metre of Horgan's verses, but, what is more important, the subject-matter and the method of treating it were similarly suggested. The non-traditional character of the train of ideas in the poem, so far from being

---

1 The first of these elegies was printed in O'Daly's 'Irish Language Miscellany,' p. 50 (without author's name), and later in GJ. 215, p. 342. The second elegy was published in GJ. 217 p. 454. Hardiman ('Irish Minstrelsy,' ii, 411) places his death in 1816, which is a year too early.

a defect, is to be reckoned as one of its merits. Its fault is rather a certain artificiality; it smells too much of the lamp, and, with all its straightforwardness, it hardly impresses one as being the spontaneous expression of genuine emotion. Its author evidently had by him a copy of O'Brien's Irish-English Dictionary, upon which he drew for such words as *maon*, *almsana*, *aoi*, *ceatal*, *easgal*, *luamh*, and *anuais* (see the Glossary, *infra*, *s. vv.*).

Timoleague Abbey (*mainistir Thi'-mo-laga*) is not once mentioned in C; indeed from the account given in that MS. of the circumstances in which the poem was composed one would be inclined to assume that the poet had not any particular abbey in mind. But M, A and other MSS. are unanimous in identifying the abbey with that of Timoleague, thus showing that they derive not from Horgan's copy but from a distinct version, which was doubtless one sanctioned by the poet himself. On the other hand it would appear that the poet took over Horgan's title of the poem, and also that he agreed permanently to excise the seven or eight qq. to which Horgan, for whatever reason, objected, and of which not a trace is now known to exist.

The metre is modernized Rannaíocht Mhór. There is rime between the end-words of *b* and *d*, and also (except in a few cases) between the end-words of the odd lines and a word in the following line. As contrasted with the older Rannaíocht, the riming is of the purely assonantal kind, and the number of syllables in the lines is not fixed. Alliteration is, of course, unnecessary. Furthermore, as his rimes show, Ó Coileáin's pronunciation was frankly modern; hence the archaic spelling which suits most of the other poems in our collection has to some extent been discarded, e.g. *siúil* is so spelt in l. 10 because it rimes with a word like *úr*, whereas the older form *siobhail* rimed with *iolair*. Such modern spellings are, of course, common in MSS.; thus C writes *sóil* 48, *ngláoch* 53, *bía* 57, and *luail* 73.

MS. Readings. 8 cruinn (gen. sg. of *crann*)] *cruínn* M; *crainn* A; *chrínn* C. 12 ar] *air* M; *iar* A; *os* C. 14 *aoi* MC; *aoidhe* A. 18 *a clódh* M; *a chló* A; *a cclódh* C. 19 *cliais* (sic) M; *clíair* C. 20 *thriallta* MA; *trialltha* C. 23 *deórr* C. 24 *air fear* M; *air féur* A; *ar féar* C. 25 *an sin* MA; *annsin* C. 26 cûch] *cúmhach* MA; *dúbhach* altered to *cúbhach* C. 33 *Fhotharach fholamh* M; *Fotharthach follamh* A; *Fothrach follamh* C. 34 a árais seo] *áruis se* M; *áruis so* A; *árus seo* C. 36 *mhaol* MA. *mhúr* A. 40 *na ndúile* MC. 44 *cur do naomh* MA; *cuir do naoimh* C. 46 *anud* MAC. 47 *sgreachach* MC; *sgreadach* A. ghéar] om. MA. *ccat* A; *ccait* MC. 53 *moch* MC. 54 bhíodh] om. MA. 56 *gliogair* MA; *ghliogair* C. *ccáig* C. 60 *aifrionn* MA; *aifrinn* C.

61 *lúamh* MA; *lúaim* C. 62 *chian* MA; *cian* C. 63 och !] om. A. 66 *anuais* MA; *anúas* C. 67 *creacha* MAC. *cruadh* M; *cruaidh* A; *cruadha* C. 68 *tug* MC; *dhfúig* A. 71 *táir* AC; *tóir* M.

The following is another specimen of "melancholy meditations" turned into Irish by Ó Coileáin. The text is based on that in Father Horgan's MS. (24 C 13, p. 71), where it is headed *Smúante Duibhleanntacha* and is followed by the author's name, "John Collins." There is also a copy in Mur. 48, p. 69, where the title is, "A translation by John Collins, Skibbereen." The metre, which shows English influence, may be described as a very late modification of modernized Rannaíocht Mhór. Alternate lines rime finally, and the rime is nearly always a full one (as in English); furthermore, internal rimes in *b* and *d* with the end-words of *a* and *c* respectively occur only four times out of a possible eight.

I meán uíche na suan síth,
an tan chollaid cách go sóil,
bím-se an trath sin fá dhíth
go cásmhar ag caoi mo dheór.

Ar éirí maidne don ghréin
ní thugan [*thugadh* MS.] chúm suan ná só;
'*s* ní bhfaghaim saoirse óm phéin
ná sosa ar dtéacht don ló.

Ar asgnamh di i meán laoi
ní sgaipean [*sgaipiodh* MS.] sí suim mo cheóig;
'*s* ar ndul 'na leabaig do luí,
i n-anacra bím 'na deóig.

Tar, a Bháis, trí dhaonnacht thim
réig mo cheasnaí, réig mo ghleó;
réig me ó chathibh an tsaoil;
ní bhfuil m'fhurtacht sunn go deó.

60

To a lady named Úna on the death of her father.

Further particulars are unfortunately wanting. The author, Cúchonnacht Ó Dálaigh, may possibly have been the poet of that name (son of Maoileachlainn Óg) who died in 1642, as to whom see Proc. R. I. A., xxxvi. C, p. 112.

SOURCE. 23 M 28, p. 300.

MS. READINGS (apart from ordinary misspellings). 1 *thaignidh.* 2 *neamhlúgha.* 3 inghean] *a inghean.* 5, 27, *tráth.* 7 *gurb.* 11 *dleaghthar.* 36 *feadh.*

The last quatrain is, in accordance with a common poetic practice, devoted to the poet's patron, in this case St. Thomas.

61

The poet, left childless through death, beseeches the Omnipotent to grant him a son.

The author, Giollabrighde (Albanach) Mac Conmidhe, flourished A.D. 1250. Apart from inevitable archaisms of language (and these are not more numerous than in similar scholastic verse composed three centuries later), the present poem is a remarkably simple one, and much more readily intelligible than much of the seventeenth-century verse composed in the popular stressed metres. The outlook of the Irish professional poet is curiously betrayed in l. 108, where he asks God to grant him his request in payment for his poem. Compare Donnchadh Mór Ó Dálaigh, who strikes a bargain with the Lord to have heaven in return for his poem (Dán Dé, p. 67, §43).

SOURCE. H. 4. 5, p. 93.

MS. READINGS. For *Coimdhe* the MS. has such spellings as *coimhdhe,* etc. 5 *Cuiridh.* 9 *dearcáin.* 11 *fothchan.* 18 *dfaigsin.* 19 *a dhé déan.* 21 *Laithreach fholamh ag fear bfeadhma.* 24 *a naomhuire.* 27 *tsoladh.* 28 *thríd.* 29 *bfuil.* 31 *fhódaibh.* 32 *bfóguibh.* 35 second *is* om. 37 *dféach.* 38 *theachtas.* 43 *a ttoirchim ní caimse.* 44 oimchinn choinnle] sic. 51 *a chna.* 53 *a choimse.* 58 *chruaidh is chre mbuig.* 68 *roinnis. díod.* 71 *ccabhair.* 73 iar] *air.* 75 chrú, etc.] *chuir don uile easlán.* 76 *tú do shuidhe.* 77 loisgfeas] *do loisgfeas.* 86 *choim.* 89 *dorcha.* 90 *dhealaighthear. sa ló glan.* 97 *ríghthigh.* 103 liom] om. 104 *fuilghim.* 105 *eitche.* 106 *an chead ní chuingis.* 107 *ma.* 109 *Faghadh.* 110 *cé.* 113 *leam chloinn.*

The two last qq. are supplementary, and are addressed respectively to the Blessed Virgin and to St. Brighid (after whom the poet was named).

62

A poet's grief on the death of his son.

The son's name was Mathghamhain (l. 3); he had been trained in one or more of the (poetic) schools (ll. 10, 14, 29); he died in early autumn (l. 6); six other children had died before him (l. 33), and three survived (l. 36). These are all the facts we know in connection with the poem. There is at least a possibility that the deceased poet was the Mathghamhain Ó Hifearnáin who took part in the Contention of the Poets (*ca.* 1618).

SOURCE. 23 D 4, p. 142. There is no title.

MS. READINGS. 2 *comhdach.* 8 *rén fhoghnamh.* 15 *deargshrothuibh.* 16 *reoidh.* 40 *choiméad.*

Ag seargadh, l. 18, and *caillim*, l. 23, may be corrupt. The meaning of these lines is not clear.

63

A poem by the same author as the last written on the first anniversary of his son's death.

SOURCE. 23 D 4, p. 144. It comes immediately after the last poem, and, like it, has no title.

MS. READINGS. 1 *bhliaghna.* 2 *bhiadhmhar.* 4 *fiodhbha* (for *fiodhbhaidhe*). 15 *rothoil.* 16 *diograis.* 26 *naomhrí.* 27 *ar beag ttoraig.* 28 *daor ní.*

In l. 3 *an choill* would naturally be taken as gen. of *an coll*, 'the hazel,' but the use of *fiodhbha* in the next line suggests that l. 3 has the sense of *is comhartha ar an gcoill do bheith ar gcríonadh.*

In l. 24 the poet appears to have in mind the "world-year" of 10,000 years, after which, according to Plato's *Timaeus*, the world was to be overwhelmed. His grief, he says, has made twelve months seem as long to him as a "year" of Plato's. I owe this suggestion to Prof. M. Tierney.

The rimes in this and the preceding poem show that they are probably not much older than the MS. in which they are found, which was written, in Munster, probably in the third quarter of the seventeenth century. Thus, the loss of *mh* or *dh* with compensatory vowel-lengthening is seen in the pronunciation of *comhnaidhe* (62.27), *fiodhbha* (63.4), and *choidhche* (63.7); while the riming of slender consonants with broad is admitted in *foghmhair : foghnamh* (62.6, 8), *éadaigh : gcéadfadh* (62.26, 28), and *domhain : moladh* (63.25, 26).

64

On the tragic deaths of the poet's four children.

Féilim Má Cártha, the author of this genuine expression of a father's grief, is unknown to us except for this poem. He was pretty certainly a native of either Co. Kerry or Co. Cork, and lived probably about the year 1700.

SOURCES. 24 L 38, p. 4. 23 C 3, p. 62. 23 M 16, p. 111. 23 N 15, p. 176.

C gives the longest text; it has 33 qq., with 3 qq. in stress-metre at the end, and agrees pretty closely with the version printed by John O'Daly in 'Poets and Poetry of Munster,' second series, pp. 188 sq. L wants ll. 49-56, and has 31+3 qq. M wants ll. 73-76, and has 32+3 qq. N gives only 18½+3 qq.; it omits ll. 19-20, and 14 qq. after l. 36 (corresponding to ll. 37-76 *supra*).

In preparing the present text the following excisions have been made: 3 qq. after l. 32, in which boast is made of the relationship of the dead children to the kings of Scythia, Spain and England; 4 qq. after l. 40; 1 q. after l. 100 (it comes after l. 96 in M); and the 3 qq. in stress-metre at the end.

The names of the dead children were Ceallachán, Cormac, Anna and Máire (ll. 25-27). They met their deaths suddenly and simultaneously while they slept (cf. ll. 41-44). According to the title of the poem in L they were killed by the walls of the house collapsing on them (*air bhás a c[h]eathrair cloinne ar ar thu[i]t balla an tighe*). According to the title in N they were killed on Easter eve (*oídhche Chásga*) by a stone chimney falling on them (*simnéadh cloiche do thuitim ortha*). The mention of Easter eve was doubtless suggested by the reading *Cháisg* (for *chás*) in l. 5, which, though found in most MSS., is probably erroneous.

The metre is the freest possible imitation of Debhí. The number of syllables in a line varies from 6 to 8. The only rules observed are (1) riming couplets, and (2) the usual syllabic increase in the end-words of the second and fourth lines as compared with those of the first and third respectively. The pronunciation required is practically that of the Irish of to-day; hence the spelling has been modernized somewhat.

MS. READINGS. I note, *inter alia*, those instances where the text of L has not been followed. 2 *mhiorun* C; *mhíodhrún* M; *míoruinn* N. 4 do] om. L etc. 5 *chás* L; *cháisg* CMN. 8 iathibh] *iarthar* CMN. 10 *tuigsin* L; *tuigsinn* C; *tionsgainn* M; *tionsgain* N. 16 *a ndeig* L; *tar éis* C; *déis* MN. 18 *ceól* L. 19 *déin* L; *ngéin* C; *géin* M. 20 *canaid*

L; *canuid* C; *canan* M; the original probably had *canaidh*. 22 *aonlá* CMN. 23 *cráidhte* M; *crdighte* N. 24 *chaom chlann* N. 25 *As creach* L. 26 *blaisbinn* L; *cneasmhín* CM; *cneismhín* N. 28 *aoinfheacht* L; *aoínfheart* C; *éinfheacht* M; *aonacht* N. 30 cré] *iad* L; *tréighthe* C; *cré* MN. 33 *ream theacht* LM; *aig teacht* C; *ream ais* N. 35 *bheir fáilte dhom* L; *bhéarfas* (or *bhéu-*) *dam* (or *dom*) *fáilte*, CMN. 41 *na dtrom suain* L; *no ttrom shuan* C; *anám súain* M. 43 cáig] *cloinne* L; *cáidh* CM. *do* om. L. 44 *a ninmeadh uare* L. 47 *ndul uaim* L; *naonchur* CM. 49 *dlíghe* C; *dlightheadh* M. 50 *chéadbhuidhean* C; *chéadmhaoin* M. 57 *súirm* L; *dhuil* M. 60 *sus* L; *is* CM. 61 uaim] om. L. *dhreach* L; *neart* CM. 71 *leanfad iad* L; *rachfad leó* C; *rachadh leó* M. 73-76 (omitted in M) come after 68 in C. 80 is] om. L. *í* LC; *ise* MN. *ar neimhchrích* L; *fá cheasnuídhe* C; *a gceasnaoill* M; *a cceasnaoill* N. 83 bhíd] *a bíd* L; *bhíos* C; om. M; *bhíd* N. 97 *ná* L; *le* CN; *re* M (which omits *grian*).

65

"Weep for yourself and your sins, not for the child you have lost."

SOURCES. 24 L 6, p. 2, with a few readings from 23 L 34, p. 154 ("M").

The poem is quite common in modern MSS. At least five versions of it have been previously printed, including those in 'Reliquiae Celticae,' i, 126 (here referred to as R) and Keating's Poems (ed. Rev. J. C. MacErlean), p. 46.

Instead of the version of q. 4 here printed some MSS. give a different version beginning *Rachaidh cách uile fá seach*; this latter version I refer to as 4^a. The order of the quatrains varies a good deal in the different MSS.

Three different MS. recensions of the poem may be recognised. (A) 8 qq., with the version of q.4 printed above. This is found, *e.g.*, in L and in A. iv. 2 (fo 23b), where the qq. are arranged in the same order as in our version; and in H. 2. 5, p. 344, where the order is 1 2 3 8 7 4 5 6. (B) 8 qq., with 4^a instead of 4. Found, *e.g.*, in R, where the order is 1 2 3 4^a 6 5 7 8, and 24 P 29, p. 347, where the order is as in our version. (C) 7 qq., including 4^a (for 4), but omitting q. 3. Found, *e.g.*, in H. 5. 13, p. 76, and H. 4. 10, p. 52, in both of which the order is 1 2 4^a 6 7 5 8. M originally had a similar 7 q. version; afterwards its scribe (Maurice Newby, 1714) inserted q. 3 in its place, and some generations later Peter O'Connell added q. 4, which he placed between

6 and 7; hence in its present conflate form M's text consists of 9 qq. owing to its having both versions of q. 4.

The authorship of the poem is very uncertain. It is anonymous in L, R, and H. 4. 10. It is ascribed to Dochtúir Céitinn in M; to Ó Dála Fionn in H. 2. 5; to Donnchadh Mór Ó Dálaigh (wrongly) in A. iv. 2, and in a later hand in H. 5. 13; to Ó Hifearnáin in a version (8 qq.) in a Maynooth MS. (2 g 14, fo. 7a) written by Eóghan Ó Caoimh (the scribe of L) in 1704. In date it can hardly be older than the early part of the seventeenth century. Among the late marks are *cré*, used as dat. (acc.) in ll. 6, 15, for older *criaidh*; *fior : sin*, ll. 22, 24; and *chách* for *cháich* (or alternatively *cháich : bráth*) in l. 31.

MS. READINGS. 2 *cháich* L. 6, syllable wanting; perhaps read *ins an gcré*. 13, syllable wanting; perhaps read *bhfaicthea-sa*. 15 *ar cuireadh riamh*, A. iv. 2; *gach neach dá ndeachaidh* LM; a footnote to M says "*seach ar leagadh riamh a* [c]*cre* in another copy." 22 *is fhior* L; *& fir* M. 25 *Sion* L; *Síon* M. 28 *ccaoinir* L; *ccaonidh tú* M; *caoine* R. 30 *dá ttuigtheá féin mur ataoi* L. 31 *do chaoine cháich* L; *gan chaoine cách* M.

66

On Death, which has robbed the poet of his only son.

SOURCES. 23 N 13, p. 243 (in the hand of Mícheál mac Peadair Í Longáin; but the title seems to be in a later hand). Several copies by Mícheál Óg Ó Longáin, of which that in 3 B 5, fo. 43b may be taken as representative.

The headings in these MSS. merely give the author's name. A copy in 23 M 14, p. 49 (19th cent.) gives a longer title, viz. *Daibhidh Mac Gearailt cct. dá mhac .i. do cSeán Mac Gearailt nóch do marbhasan oidhce le bitheamhnaca*. This title appears to be wholly unreliable. The author's name is wrongly given; his son's name, *Seán*, may be no more than a misunderstanding of *séaghann* in l. 46, though the MS. in question reads *taonmhach* (sic) here; while the statement that he was killed by robbers is probably a blundering inference from the use of the word *ladrann* in l. 2.

Most of the poet's illustrations are borrowed from Keating's 'Trí Biorghaoithe an Bháis,' with which he was evidently familiar.

It would be unwise to place much reliance on the correctness of Mícheál Óg Ó Longáin's ascription of the present poem to Muiris mac Dháiví Dhuibh; it certainly offers a remarkable metrical contrast to the other poems by the same author published in this collection (see nos. 14, 15, 48, *supra*).

The metre is modernized Rannaíocht Bheag. With the exception of a very few words the poem is to be read with the current pronunciation, a fact which is to some extent reflected in the spelling employed. *Úbhall*, l. 68, for *ubhall*, now *úl(l)*, is an instance of the artificial mixture of old and new pronunciations especially common in 17th cent. verse.

MS. Readings. 1 *Mallacht don bhás bhrónach* B. 2 a ladrainn] *ladran* N; *ladrann* B. *gacha iartuir* N; *gach iaithe* B. 4 *atáir* N; *atá* B. *ndéiliom* N (i.e. *n-éileamh*). 5 *Dob olc teirimse* N; *Olc héirnist* B. 10 *dá ndíoluim* N. 12 do] om. N. 13 *duit* N; *dosin* B. 14 *a chú* N; *cú* B. 16 *suaichle* B. 17, after *cosmhail* N ins. *thu*, B *tú*. *nimhneach* N. 19 *gacha* N. 20 *daonna* B. 22 *do theiligion an uile fheoithne* N. 24 *nórlach* N. 26 *ris an uile* N. 27 ag] *a* N; *'s ag* B. 27-28 *go ro ceart | fá cheithre hárdaibh* N; *go ccráidhfeadh | cheithre hárdaibh* B. After l. 28 B has two further qq. on the ram, which are pretty certainly spurious. 30 *a mbí* N; *agá mbí* B. 32 *chathais* B. After l. 32 B has an interpolated q. as follows:

Labhrann fós le fear Béarla,
  le fear pléide agus uabhair;
'*Come here*,' adeir gan faitchíos,
  'tabhair raicín ionna bhfuaruis.'

(This merely repeats what is said in the preceding quatrain, but with a closer adherence to Keating's text. *Tabhair raicínn* in the last line should be *mac raicín*, an imitation of the English "make reckoning." 23 M 14, which has a similar quatrain, reads *mac riacín* here.) 35 mac] *gan mac* NB. 42 *iar fiaradh* N; *gan iaracht* B. 43 *sa te le maithis dfagbail* N. 44 is corrupt, as the rime *beagán : d'fhágbháil* shows; the printed text follows N; B reads *ní hé an beagán do riarach*. 45 *ort is* N; *duit agus* B. 46 *choimirce seagan* M; *chomairc an séagan* B. 49-52 come immediately after 40 in B. 52 *chéile* B. 55 cé] *do* B. 56 *'sní* B. 58 *nach* N; *nách é* B. 59 *smáil* B. The 3 last qq. (ll. 61 to end) are missing in N, owing, apparently, to the loss of a leaf. 63 *ttárlaidh* B. 67 *leónadh* B; *loma(dh)* is from 23 M 14.

67

On the uncertainty of life.

For the author see note on no. 52.

Sources. O'Conor Don's MS. fo. 79a ("C"). 23 F 16, p. 75.

A later version, in 23 A 8, p. 274, agrees in general with C, but it happens to have the correct reading *féag* in l. 17. There is also a version, without author's name, in Laud 615, p. 135 ; the greater portion of this MS. was written, Meyer thinks, in the fifteenth century, but this poem is written in a much later hand, a fact which Meyer failed to notice when cataloguing the contents of the MS. in 'Ériu,' v, pp. 7 sq. The Laud text is a rather inferior one, and offers no noteworthy readings. (For a transcript of it and particulars regarding the hand in which it is written, I am indebted to Prof. John Fraser, of Oxford).

MS. READINGS. 1 *tul*aigh F. 3 *bharr* C. 4 *dhíoghlam* C. 7 *chaithme* C. *fégh* C ; *feagh* F. *bfuighe* C ; *bfuighthe* F. 8 *ullmhuighe* C ; *hullmuigthe* F. 12 *an cuid caithmhe* F.

A short poem by Giollabrighde Ó Heódhasa on the same theme, probably a little later in date, follows ours in O'Conor Don's MS. It has been edited by Bergin in 'Ériu,' viii, 195.

68

"Without the friendship of God, all learning is in vain."

SOURCE. 24 L 13, p. 7.

MS. READINGS. 3 *gráidh*. 4 *áil*. 10 *an áirdrígh* (with *do ghnídh* in l. 9). 11 *fearr*. 16 dá] *do*.

69

Lines spoken by a king and a poet as they were about to enter a religious community.

The poem purports to be a dialogue between Cathal Croibhdhearg, King of Connacht (†1224), and his contemporary, Muireadhach Albanach Ó Dálaigh, the well-known poet. Cathal Croibhdhearg is recorded in the Annals as having died "in the habit of a monk" (*i n-aibīt mhanaich*, AU.), *i.e.* of a Cistercian. Nothing is known of the date or circumstances of the death of Muireadhach Albanach, but we know that part of his life was spent in Scotland (whence his soubriquet *Albanach*). From two of the poems attributed to him we learn that the cause of his banishment was that he had slain one of O'Donnell's people. The Four Masters, who give the date as 1213, give a picturesque account of the matter ; and though we need not believe them when they say that O'Donnell pursued the poet to the gates of Limerick and Dublin, nevertheless the circumstances of his banishment must have had some foundation in fact. Otherwise we should have wantonly to reject as forgeries all, or nearly all, the secular poems attributed to Muireadhach. In one of the poems composed by him during his exile (printed in Quiggin's 'Prologomena to the Study of the Later

Irish Bards,' p. 44), Muireadhach says that he has been absent from Ireland for 15 years, which (if the date in FM. is correct) would place the date of its composition in 1228. Thus it would be impossible for the poet to have joined a religious order along with Cathal Croibhdhearg, who had died in 1224, and our poem would have to be set down as a later fabrication. Furthermore, the word *bráithribh* in the title is obviously wrong, for the first of the "friars," the Dominicans, only reached Ireland in 1224, the Franciscans following a few years later. But the poem is, at all events, of fairly respectable antiquity, for ll. 7-8 are cited in an Irish grammatical tract composed probably not later than 1500 ('Ériu,' ix, 93).

The present dialogue in verse is just of the kind one meets in Irish romantic tales; and one is tempted to regard it as a surviving fragment of a lost semi-historical work dealing with Cathal Croibhdhearg and his contemporaries. Compare 'Tochmharc Fhearbhlaidhe,' in which the hero is said to be a son of Donnchadh Mór Ó Dálaigh, Muireadhach Albanach's brother.

On the other hand there is good reason to believe that, as O'Grady (Cat. 338) thinks, the poet, after his banishment, paid a "surreptitious visit to Ireland, in disguise perhaps," on which occasion he visited Thomond, where he composed the poem *Tomhais cia mise, a Mhurchaidh* (O'Gr. Cat. 331-2; Studies, 1924, 570). On the same occasion he may have visited Cathal Croibhdhearg in Connacht, at the time when the latter was contemplating retiring from the world; and, granting this, there would seem no reason to regard our present poem as ungenuine. Muireadhach's own "vow" (*móid*, l. 3) may have been to make a pilgrimage to Rome or to the Holy Land, which would also explain the reference to "the hot land" (*san tír the*) in l. 31; and there would be nothing improbable in his having received the tonsure of a "clerk," without orders, at this time. A number of devotional poems by Muireadhach, preserved in the Book of the Dean of Lismore, show that, like his brother, the well-known Donnchadh Mór, he was of a religious turn of mind. Furthermore we know that Muireadhach did make at least one foreign pilgrimage, for in the poem *Tomhais*, etc., alluded to above, he says that he has been travelling round the world and has come from the Mediterranean, while an unpublished poem of his, addressed to Cathal Croibhdhearg, appears to have been composed by him while he was actually in the Adriatic (see O'Gr. Cat. 337-8). Compare a somewhat similar poem composed in the Levant, while on a pilgrimage or crusade, by a younger contemporary, Giollabrighde Albanach, the author of no. 61 (*ibid.* 335-6).

The close friendship between Cathal Croibhdhearg and Donnchadh Cairbreach, alluded to in the poem, is explained by the fact that the former was married to the latter's sister, Mór, who died in 1217 (FM).

SOURCE. 23 M 28, p. 285 (transcribed *ca.* 1684).

MS. READINGS. 1 *sgíon.* 14 *do Bhrian.* 20 *do ghninn is ó Cais coimhshling.* 26 *mbraonsgathach.* 30 *Joachim.*

In l. 16 the alliteration of *bhf* with *bh* is noteworthy; ordinarily *bhf* alliterates only with *f* (or *ph*).

70

" Be with me always, O Lord. Let Thy grace dwell ever in my heart."

SOURCE. 24 L 6, p. 31. I have omitted a sixth quatrain, which is corrupt.

MS. READINGS. 1 second *bí* om. 5 *Túirrnn,* with [*t*]*úrrlinn* in margin. 10 *dabhuigh.* 14 *fóireas.* 15 ar] tar. 18 *nó.* 19 *ná deacha uaim go madh cré mo chorp.*

With ll. 1-4 compare, in St. Patrick's Hymn (Thes. Pal., ii, 357):

Críst lim, Críst reum, Críst im degaid,
Críst indium, Críst íssum, Críst úasum,
Críst dessum, Críst túathum.

71

Oisín, in his old age, his companions dead and gone, recalls sorrowfully the glorious days of his youth.

SOURCES. Franciscan MS., " Duanaire Finn," fo. 73b. 23 M 4, p. 131.

A version in 23 L 34, p. 131, substantially agrees with these, but is not so good. The earliest extant version is that in the Scottish ' Book of the Dean of Lismore ' (early 16th cent.); this has been printed in ' Reliquiae Celticae,' i, p. 2. There are 9 qq. in the Dean's version, which, like the rest of his MS., is written in a barbarous orthography; it has nothing corresponding to ll. 7-8 or 21-24, but includes 10 ll. which are not found in the Irish versions.

MS. READINGS. L and D (=Dean of Lismore's text) are quoted only occasionally. 4 do ba] *do* badh F; *budh* ML. 6 ba] *fa* F; *bá* M; *do* L; *di* D. *dhúin* F; *dhuinn* M. 8 *ccúil* F; *ccúl* M. 10 *gredh* F; *gath* M. 18 *mur* badh *gnáth* F; *mar* badh *ail* M (and L); *mir a baill* D.

19 ar loch] *gan locht* FL (cf. l. 23); *ar loch* M; *er loch* D. 21 ar] *mo* FL; *ar* M. *tar eis* F; *deis* M; *déis* L. 22 *na* F; *nach* ML. 23 *bha* F; *fá* M; *ba* L. 25-26 *ata* FM. 26 *is* omitted save in D. 31 *nó in sáorfa* F; *as saorfa* M; *no saorsa* L; *gi' serrir* D.

72

A retrospect on the follies of youth.

SOURCE. 23 N 14, p. 200, where the title is *Seán mac Muiris ui uirthille cct.*

MS. READINGS. 7 *thiocfaidh.* 8 *sgaoilfidh.* 9 *tuille buidhe rinn.* 17 *óig.* 19 *geadh í a daith.* 20 *dfágaibh.* 24 *bhráth.*

For the proverbial phrase in l. 13 see 'Miscellany of Irish Proverbs,' 341; and cf. further *ní loisgeabh-sa an mhéad mhaireas dom thiompán*, Dánta Grádha, 2 ed., p. 128, l. 15, and *is mairg a loisg a theampán leó*, 23 A 45, p. 1.

73

Vanished youth.

SOURCE. Franciscan MS., "Duanaire Finn," fo. 43.

From the fact that they appear in a collection of 'Ossianic' poems, it is evident that the scribe regarded the present poem and the next as attributed to Oisín.

MS. READING. 2 *fa folt buidhe cas.*

74

The three Furies and the three Graces of life.

These are Hardship, Necessity and Grief, on the one hand, and Love, Gentleness and Courage, on the other.

SOURCE. Franciscan MS., "Duanaire Finn," fo. 57b. See note on last poem.

MS. READINGS. 2 *a ttigim.* 4 *is triúr coirpseng cnisgeal.* 6 *is isi a bhen Rom tachair.* 14 *diarab.*

There are a number of loose rimes, viz. *focham : coirpsheang*, 3-4; *deacair : tachair*, 5-6; *éigean : céidfhir*, 16-17; and *breaghdha : tharla*, 22-24. Unless these are due to corruption of text, they point to the poem being a comparatively late one.

With l. 15 compare the proverb *Ní dheaghaidh rogha ó réiteach*, Misc. Ir. Proverbs, §139.

75

" Three await my death. The devil waits for my soul, my children for my wealth, the worm for my body."

SOURCE. O'Molloy's 'Grammatica Latino-Hibernica' (1676), p. 204 (" M "). 23 I 40, p. 4. 23 L 34, p. 158.

The poem is anonymous in MI. L ascribes it (wrongly) to Donnchadh Mór Ó Dálaigh. It is worth remarking that Eóghan Ó Caoimh, *ca.* 1707, thought that O'Molloy was the author, for he heads a transcript of the poem : *Froinnsias Ó Maoilmhuaidh brathair dórd S. Froinsias cc.* ⁊ *do chuir a leith duine eile iad* (23 M 34, p. 606) ; and the fact that all the extant MS. versions seem to be later in date than O'Molloy's lends colour to Ó Caoimh's belief. In 23 L 24, p. 275 (1766), the poem is ascribed to Ó Maoilchiaráin ; other ascriptions (all equally unreliable) to Eochaidh Ó Heódhusa, to Maolra Brún, and to Ó Dálaigh Fionn, will be found in Abbot-Gwynn Cat., pp. 77, 244, 268. A mark of lateness is *cré* for *criaidh* in l. 18 (cf. 65, ll. 6, 15). Furthermore *le mo* (l. 13) for *lem* is obviously late, as well as dialectal ; compare *le do sbiorad*, Luc. Fid. 291 (exceptionally). The poem is certainly a seventeenth-century composition, and the evidence would point to O'Molloy as the author.

The theme of the poem was suggested by Eccli. x, 13 : " For when a man shall die, he shall inherit serpents, and beasts, and worms." Its immediate inspiration was evidently some such passage as the following in one of the homilies of the Leabhar Breac : *Amal atbeir Solam i nEclaisiastach co mbia triur óigred oc fir husarachta .i. bésti* ⁊ *nathracha* ⁊ *cruma : beit a maíne oc na piastaib .i. ag cairdib na colla ; biaid a animm oc nathrachaib neime .i. ac diablaib ;* ⁊ *biaid ac crumaib a chorp ; ni thibre nechtar dib so a chuid fen ar in dá chuid ele* (PH. 7586-91). Compare further the following medieval Latin verses (J. Werner, Lat. Sprichwörter u. Sinnsprüche des Mittelalters, p. 24) :

Dum moritur dives, mox crescunt tres ibi lites :
Demon vult animam, consanguinei quoque gazam ;
Vermibus in terra crescit pro corpore guerra.[1]

1See also the Latin note quoted from Harley MS. 268 (14th cent.) by Mr. Flower in his Catalogue of Irish MSS. in the British Museum, p. xxix, which appeared after the above had been written.

M has 7 qq. in all, viz. the 6 here printed and another (which I indicate as *x*); its order of qq. is 1*x* 2 3 5 4 6. I has 6 qq., in the order 1 2 4 3 5 6. In L the order is 1*x* 2 3 4 5 6, but *x* and 3 are not in the original hand (that of Maurice Newby, 1714) but added at a later date by Peter O'Connell.

MS. Readings. 7 *do roithfeadh na gheig* M; *da roicheadh don ghéig* I (with *a chuid* preceding); *do roicheadh don ghéig* L. 13 *le* (or *lé*) *mo chloinn* MIL; ? read *lem chloinn-se*. 16 mh'] *an t* IL. 's mo] *sa* IL. 18 *ga gcurthar* M; *dá ccurthaoi* I; *da gcurthar* L.

76

On the passing of youth.

Sources. 23 D 13, p. 155. H. 6. 14, p. 169. 23 G 27, p. 206. 23 N 14, p. 98. Nat. Lib. xii, pt. 2, p. 170 ("O").

In D the poem has no title, and consists of qq. 1-4 (in the order 1 2 4 3), followed by 3 other qq. which have no connection with the poem and as to which see 'Dánfhocail,' 243 note. (23 O 35, p. 31, also gives a version of qq. 1-4). In H (dated 1770) the poem is ascribed, perhaps correctly, to *Baothlach Dubh* [Mac Aodhagáin]. In G, written by Mícheál Óg Ó Longáin, the heading is *nfeadur cia chan an duainsi.* In N, written by the same scribe, the poem is ascribed to *an fear céadna*, who in this case is Ó Dála Fionn; but this ascription is almost certainly baseless. In O the poem is anonymous; qq. 2, 3 are transposed, and for q. 6 another q. is substituted.

The original poem in all probability ended with l. 20, for the remaining qq. have the appearance of having been added later by a more pious-minded poet.

MS. Readings. Only the more important are noted. 2 a d. dhamh] O; *a dh. dhamh* D; *leam a dh.* GNH. 6 *dithcheill* D; *dithcéill* GN. 9 *dúinne* HO. 12 *is treithe ar* D. 13 Tugas] *Áit* GN. mo ghruag] *gruag* D. 14 has 8 syllables, unless *radharc* is reduced to a monosyllable or *'s* omitted. 15 *tosach air léim* GN. 18 *saoileadh* O. 19 ar mo bheith] *mo thoil is* GN. *cea(i)nntréan tuathail* GNH. 20 *súgach* GNHO. For ll. 21-24 O has a different q., beginning *Uch! da saoilfinn gur bhféidir*. 22 *cúmhdacht* GN. 25 *A* (?) *bhláith* H; *Bláith* GN; *Air bhláth* O. 26 *fóighe* GN; *asóghadh* H; *sóighne* O. 27 *do tréigeadh* GN; *do thréigean* H; *a tréigean* O. aoise] *a aoise* GH. 34 ar] *ré* GN. 35 ó] *air* O. 37, the adjj. are aspirated and inflected in the MSS.; for *créachtach* G reads *ghrásaidh*. 38 *éagnach* O (with *do* for *dá*); *éigneach* H; *chásadh* GN. 39 ar] *re* GN. *a ttalmhuin* GNO. 40 *anam* GNO; *anmuin* H.

77

On the vanities of the world.

Sources. 23 L 34, p. 155, with some readings from 23 G 24, p. 184. In both these MSS., as also in H. 5. 13, p. 78, the poem is anonymous; but, as was inevitable, it has also been ascribed to Donnchadh Mór Ó Dálaigh, as in a version printed in the ' Irish Echo ' (Boston), iv, 167.

In the MSS. the first line of each quatrain is duplicated, with *ón* inserted between the two parts, so as to form a line of seven syllables ; in the text *supra* such lines have been shortened to three syllables, in accordance with the older practice.

MS. Readings, viz. the readings of L where G has been followed. 12 *na ccéad*. 15 *dá mhac no da mhnaoi*. In l. 16 *é* is not in the MSS.

78

To Saint Peter, as janitor of Heaven.

Sources. O'Conor Don's MS., fo. 77b (" O "). 23 C 19, p. 287. 24 B 31, p. 111.

An inferior version is found in 23 B 35, p. 7 (" Y ") and 3 B 31, p. 67 (" Z "). The poem, anonymous elsewhere, is attributed to Donnchadh [*Mór* add. Z] Ó Dálaigh in these two MSS.

MS. Readings. Only a selection of the readings of Y and Z is included. 1 romham] *an doras* YZ. 2 *díot* CB ; *duit* O. *dleaghar* O etc. 3 *nó go* O ; *go* CBYZ. 4 *na léig* O ; *leig* C ; *léig* BYZ. 5 *don tighsin* O ; *don tighsi* C ; *don tighse* B ; *a steach* YZ. 6 *dom chomus* O ; *dam a Mhuire* C (and B) ; *dom chumas* YZ. 8 *ón dorus* O ; *on ursuin* C ; *ón ursan* B ; *ón ndoras* YZ. 9 -san] *sin* OYZ ; *so* B ; om. C. 12 *go ccinnear* O ; *go lingir* CB ; *go ccinir* Y ; *go ccinnir* Z. 13 *Ón* OYZ ; *An* CB. 15 husa] *hurusa* O ; *fuiris* CY ; *furas* B ; *ur̀usa* Z. 16 *ar éigin* O. 17 *a matair* O ; *mháthair* CBZ ; *máthar* Y. 18 *láthair* OCZ ; *láithreach* BY. 19 *da raibh* O ; *dá mbeadh* C ; *dá mbíadh* B ; *má bhíonn* Z (and Y). go feochair] *gan eochair* O ; *dom fheitheadh* C ; *dam fheathaimh* B ; *go fiochmhar* Y ; *go fíochmhar* Z.

79

" Sic transit gloria mundi."

Sources. 23 L 34, p. 208 (*ca.* 1714). There are also copies in 23 B 35, p. 10 (1820), and elsewhere. The earliest extant version is that preserved in the Book of the Dean of Lismore (' Reliquiae Celticae,' i, 94 sq.) ; in this 4 qq. in praise of Alexander are interpolated between qq. 5 and 6.

MS. READINGS. I note only those instances where L has not been followed (apart from matters of spelling). 4 *ceand* L. *a fhinngreicc* L. 5 *dhiobh* L. 12 *mhuinuimh* L ; *mhuinsiumh* B. 14 *bhith* LB etc. *Philib* L ; *Philip* B. 16 *ttroigh* (emended by P. O'Connell to *ttroighe*) L. 22 *a timcheall* L. 23 *nír ionann* L (which is also correct).

80

Valedictory lines inscribed in a book by its owner.

SOURCE. 23 B 35, p. 32, in the hand of Malachy Curry, and entitled by him *Duine éigin cct. mar leanus.*

The poem is obviously a late one. Its metre may be regarded as a very free development of Rannaíocht Chumaisg (7^1+7^2). Present-day pronunciation is required ; hence the spelling has been somewhat modernized.

MS. READINGS. 1 *romhad.* 4 *chriostaidheadhaibh.* 6 *atá.* 8 *sul mbéinn.* 10 *chroiceann.* 12 *mhalaidh.* 13 *soin.* 14 *géill don éag.* 16 dod] *ad.*

THE METRE AND LANGUAGE OF THE POEMS.

The following are the different kinds of *dán*-metres employed in the present Part :—

(1) DEBHÍ (*Deibhidhe*) : poems 49, 50, 51, 52, 54, 56, 60, 64, 67, 68, 69, 70, 79. Of these no. 64 is in modernized Debhí ; while no. 79 is in the simple form (*ógláchas*) of Debhí, in which internal rimes are wanting, and in which alliteration, though general, is not essential.

(2) RANNAÍOCHT MHÓR (*Rannaigeacht Mhór* ; 7^1+7^1) : poems 48, 57, 58, 59, 65, 71, 72, 75. Of these 48 and 58 illustrate the stricter kind of Rannaíocht Mhór, while 59 shows the metre modernized.

(3) RANNAÍOCHT BHEAG (7^2+7^2) : poems 41, 45, 55, 63, 66, 76, 78. The stricter kind is found only in 45.

(4) " AE FRESLIGHE " (7^3+7^3) : poems 53, 62.

(5) SÉADNA (8^2+7^1) : poem 61.

(6) LEATHRANNAÍOCHT MHÓR (5^1+5^1) : poem 73.

(7) " SNÉADHBHAIRDNE " (8^2+4^2) : poem 42.

The metre of 74 is a kind of Rannaíocht Bheag, with *a* (the first line) shortened to three syllables, and with the end-words of *a*, *b* and *d* riming. The metre of 77 is a similar variety of Rannaíocht Mhór.

For the metres of 43, 44, 46, 47, and 80, see Notes.

GRAMMAR

Genitives like the following are to be noted : *aéar*, g. *aeóir*, 51.38. *féar*, g. *feóir*, 51.28, 54.73. *tréad*, g. *treóid*, 55.10 ; n. pl., id., 54.33.

Old dat. sg. forms :—*fear*, dat. *fior*, 46.44, 52.49. *ceann*, dat. *cionn* 46.8, etc. *geall*, dat. *gioll*, 52.61. *olc*, dat. *ulc*, 77.22. *talamh*, dat. *talmhain*, 76.35, 79.10.

Teach is thus declined :—nom. sg. *teach* or *teagh*, gen. *tighe* or *toighe* (46.3), dat. *tigh* or *toigh* (58.44). Cf. Gr. Tr., p. 81.

The nom. sg. form is used as voc. in :—*a phort sruithgheal* 56.75, *a Choimdhe dúileach* 61.92, *a dhuine seang* 69.8, *a Rí carthannach* 76.37, *a bhláth bréagach* 76.25. Notable too is the use of *Dúileamhain* (dat. sg. of *Dúileamh*) as voc. sg. in 61.37 and 70.2. (For other examples of *a Dhúileamhain* see Ériu, ix, 93, and Dán Dé, p. 29, §15 ; and cf. *a ollamain*, voc. sg., Celt. Rev. i, 300).

Formerly many nouns had a special accusative form, which was used (1) as the object of a verb, and (2) after certain prepositions. Nowadays in the first usage the old acc. is merged in the nom., in the second the acc. is confounded with the dative. In several of our poems the old acc. forms are preserved, thus, *cloinn* 61.17, *Éirinn* 46.62, 49.1, 52.62, *sgín* 69.1, *feirg* 69.27, *ciaigh* (from *ceó*) 52.23, 56.135, *céill* 57.28, 30,—all acc. sg. ; *fiora*, 46.64, acc. pl. Nouns in the acc. sg. were eclipsed after the article, hence *an dtulaigh* (nom. *an tulach*), 67.1 ; and adjj. or closely connected genitives were eclipsed after such nouns, hence *beathaidh n-aonda n-ainglidhe* 52.90, *an iomlaoid gceirde* 50.58, *gan ghoin mbaoghail* 56.120. Many adjectives, too, had special forms for acc. sg. fem., illustrated in *Banbha mbraonsgathaigh* 69.26, and *dáil gcoim* 61.86.

Eclipsis after old neuters is seen in *buaidh gcloinne* 61.55, and *mór gcompán* 51.58.

Both demonstrative and emphatic suffixes are enclitic, and form part of the word they are joined to. As a rule *-sin*, " that," is used only after slender letters, *-soin* after broad, and *-sa* and *-se*, " this," are similarly distinguished, the usage resembling that of Southern Irish to-day. But occasionally *-sin* is used for *-soin*, in which case the quality of the preceding sound is adapted to it, e.g. *san aimsin*, 58.34, for the usual *san am-soin* ; similarly *na créachtaisin*, 56.102. As emphatic suffix note the older *-siumh* for *-sean*, in *a mhuin-siumh*, 79.12.

Infixed pronouns, representing the object of a verb (or the subject of a verb in the passive), are seen in a few of the poems, e.g. *rom-chuir-se*, 47.22, =' do chuir mise ' ; *rod-cuireadh*, 56.82, =' do cuireadh tú ' ; *nát-congbhadh*, 52.13, =' ná cuinníodh thú.' Similarly *rom-cuireadh* 47.18, *rom-dheiligh-se* 50.59, *rod-thógaibh* 56.70, *rod-chuirfeadh* 56.76. Note especially *go n-am-tíosadh*, 42.25, =' chun go dtiucfadh orm.'

The following forms of prepositional pronouns may be noted :—

ar : 1 sg. *oram*. 1 pl. *oirn*, emph. *oirne*. 3 pl. *orra*, *orthaibh* (54.20).

do (=*de*) : 3 pl. *díbh* 54.76, 79.5.

do : 1 sg. *damh*. 2 sg. *deit* 61.84, *duid*. 1 pl. *dún* 52.87 etc. ; *dúin*. 3 pl. *dáibh* 52.109.

le : 2 sg. *lat*. 54.59, 61.107. 3 sg. m. *lais* 56.71.

ó : 1 sg. *uam* 50.63. 3 sg. m. *uaidhe* 50.8. 3 pl. *uadha* 50.52.

re or *ré* (now merged in *le*) : 1 sg. *riom*, *rum*. 3 sg. m. *ris*. 3 sg. f. *ria* 68.2, *ré* 72.13. 1 pl. *rinn*, *ruinn*. 2 pl. *ribh*, *ruibh*. 3 pl. *rú* 50.59.

roimh (*ruim*), earlier *ré* or *ria* (eclipsing) : 1 sg. *róm*. 1 pl. *róinn*. 3 pl. *reampa*.

tre or *tré* (*tríd*) : 2 pl. *treamhaibh* 56.15.

uas or *ós* (obs.) : 3 sg. f. *uaiste* 52.4.

In prep. pronouns of the 2 sg. *-d* is regular in dissyllables, e.g. *ionnad* 56.88, *chugad* 69.12, and is an alternative form in monosyllables, e.g. *díod* 61.68.

Inn for *sinn*, 'we, us,' occurs in 61.45, 69.2 ; otherwise *ionn*, 49.11 ; emphatic *inne*, 52.103.

Mhé is used as the disjunctive form of *mé*, 63.23 ; cf. *tú* and *thú*.

Before *gach* the prep. *do* becomes *dá*, 46.18, 44.

The obsolete prep. *go n-*, 'with,' is frequent, e.g. 44.2, 46.11.

In *is tseachtmhain*, 47.28, *is* is an abbreviated form of *ins an* ; cf. *is-teach*, *is-tigh*.

A number of obsolete verbal forms occur. I begin by recording noteworthy inflections in the regular verbs. Pres. ind. 2 sg., *cuire* 61.5 (=cuirean tú, cuirir). In the 3 sg. pres. indic. three forms were formerly in use ; thus, instead of the current *tuigean(n)*, *tuigidh* was used as the absolute form and either *tuig* or *tuigeann* as the dependent form. Examples are : (1) *lingidh* 48.27, *fuilngidh* 52.53, *aithnidh* 56.109, *gearraidh* 56.114, *iadhaidh* 56.124. (2) *ní léig* 56.117, *nách mar* 58.114, *nách tuig* 61.6, *nách smuain* 61.30. (3) *ní aithneann* 54.37, *ní léigeann* 55.13, *nách tuigeann* 68.12. Past 3 pl., *-sad* for *-adar* in *do threabhsad* 54.30, *ro chansad* 79.3 ; a mixed ending is seen in *chansadar* 79.24. Fut. 1 pl., dep., *anfam* 50.52. Futures in *-eó-* are illustrated in *airdeóbha*, 2 sg., 52.8 (=árdóir, árdó tú) ; *cneiseóchaidh*, 3 sg., 56.102 (=cneasóig) ; *fuileónga sibh* 52.17 (=fuiliceó sibh).

Imperative : 1 pl. *fuilngeam* 53.11, *guileam* 58.1.

Subjunctive : pres. 1 sg., *dá n-anar* 52.82 (=má fhanaim), *go gcinnear* 78.12 (=go gcinnead). 2 sg., *go gcuire* 70.15 (=go gcuirir) ; *muna gcaoine* 65.28 (=mara gcaoinir, mara gcaoinfe tú). 3 sg., *dá dtuite* 63.4 (=má thitean). 1 pl., *go mbearram* 69.2.

Passive : pres., *-tir* for *-tear* in *aithintir* 54.16, *seachaintir* 54.64. Fut., *triallfaidhir* 52.2.

Verbs in *-igh* may make their verbal noun in *-achadh* as well as in *-aghadh* (*-ughadh* ; now *-ú*), thus *ordachadh* 53.17, *ullmhachadh* 68.4.

In the irregular verbs the following forms, nearly all obsolete, may be noted :

ATÁIM. Impv. 3 pl., *bíd* 48.3. Pres. ind. 3 sg., dep., *tá* (=fuil) in *'gá dtá* 54.81 (with *t* alliterating), *'gá dá* 49.29 (with *d* alliterating). Similarly *gá d(t)ám dhó* 54.95, a stereotyped phrase meaning "what need have I to say more?" "in short." Conversely *fuil* is used for *atá* in *fuil súil nglais* 46.61, where, as in O. Ir., it governs the accusative. Pres. Hab. 3 sg., abs. *bídh*, dep. *bí*; passive (autonomous) *bíthear* 56.120. Impf. 1 sg., *mbíodh mé* 49.39, by poetic licence for *mbínn*. Past 1 sg., *do bhá* 73.12, otherwise *do bhádhas* 73.1; 3 pl., *do bhádar* 79.6. Fut. 1 sg., dep., *biú* 53.4, *bia* 73.12; 3 sg., abs. *biaidh*, dep. *bia*. Cond. 3 sg., *do bhiadh*. Pres. subj. 3 sg., *dá raibh* 65.18, 78.19 (=má bhíon).

Copula. *ciodh*, *giodh* (often written *cidh*, *gidh*), =*cé*+*is*. *dána* 44.30, *danb* 51.48, and *dan h-* 54.90, =*do*+rel.+*is*. *fán* 52.15, 56.83, =*fá*+rel.+*is*. *len h-* (var. *ler*) 52.69, =*le*+rel.+*is*. *tara* (var. *tarar*) 50.40, =*tar*+rel.+*is*. *madh* 52.88, 56.105, =*má*+*is* (pres. subj.). *gé madh* 52.79, =*gé*+*badh* (past subj.). Similarly *dá madh* 49.37. *gurab* 49.17, pres. subj. with optative force. Past (besides *ba*), *fá* 51.55, etc. Future, *badh* 52.27, 56.136, 58.14, 65.26.

ADERIM (dep. *abraim*). Condl. 1 sg., dep., *aibeórainn* 49.21; passive *aibeórthaoi* 55.18. v.n., *rádh*, *rádha* 61.107.

DO-BHEIRIM. Impv. 1 pl. *tugam* 58.2, otherwise *tabhram* 69.3. Pres. 3 sg., abs., *do-bheir*, *do-bhir* 68.19; passive *do-bearar* 54.8. Impf. passive, abs., *do-beirthí* 56.40. Past 2 pl., *tugsam* 50.57; 3 pl. *tugsad* 54.13. Fut. 1 sg., abs., *do-bhéar* 63.16; 2 sg. *do-bhéara* 52.10. Condl. 3 sg., dep., *thiobhradh* 75.5.

DO-CHÍM (dep. *faicim*). Pres. 1 sg., abs., *do-chiú* 50.6, 52.87; 2 sg., dep., *faice* 57.11; 1 pl., dep., *faiceam* 57.16; 3 pl. (used as relative form after a collective antecedent), *ad-chiad* 61.10. Fut. 2 sg., dep., *faicfe* 52.21, 37; 3 sg., dep., *faicfe* 46.63. Cond. 3 sg., abs., *do-chighseadh* 56.95. v.n. *faicsin*.

DO-GHEIBHIM. Impf. 3 sg., dep., *faghbhadh* 58.6. Past 2 pl. *uarabhair* 52.36. Fut. stem, abs., *do-ghéabh-*, *-gheabh-*, *-gheóbh-*; dep., *fuigh-*, e.g. *fuighthe* 67.7, 2 pl. (with force of 2 sg.).

DO-NÍM. Past, abs., 2 sg., *do róinis* 61.68, otherwise *do roighnis* 61.63; 3 sg., *do roinne* 56.107, 61.56; 1 pl., *do rónamar* 49.28. Fut. stem *do-ghéan-*, 65.19. Subj. past 1 sg., *dearnainn* 77.19. v.n. (besides *déanamh*), *déinimh* 68.8.

FAGBHAIM. Pres. 3 sg., dep., *fágaibh* 61.32. Past 3 sg., *do fhágaibh* 72.20. Fut. (and Cond.) stem, *fúig-*, 50.56, 51.5, 13, 52.62. v.n. *fágbháil*.

FEADAR. 3 sg., *do fhidir* 49.29; cf. *ní fheidir mé* 50.14 (=ní fheadar). 1 pl., *do fheadamar* 54.52. 2 pl., dep., *feadabhair* 67.2.

GABHAIM. Fut. 1 sg., *géabhad* 53.6.

TÉIGHIM. Pres. 3 sg., *téid*; 3 pl., *tiad* 54.45; passive (auton.), *tiaghair* 52.116. Pres. subj. 3 sg., *deach* 56.103, 70.19. v.n. *dul* 56.15, *dol* 61.104, *dula* 56.68, 58.29; *tocht* (see Glossary).

TIGIM. Impv. 2 sg., *tara* 61.41. Pres. subj. 3 sg., *tí* 54.56, 61.47, 78.3. Past subj. 1 sg., *tíosainn* 44.4; 3 sg., *tíosadh* 42.25. v.n. (besides *teacht*), *teachta* 61.11, *toidheacht* 73.7.

TÓGBHAIM. Cond. 2 sg., *tóigéabhthá* 67.6.

The first and second persons plural of pronouns and verbs are often used instead of the corresponding singular forms, e.g. *sinn* 71.30 (for *mé*), *ar* 50.11 (for *mo*), *dhíbh* 56.103 (for *dhíot*), *'nar thuiteabhair* 56.56 (for *'nar thuitis*), *smuainidh* 67.2 (for *smuain*).

The accusative (without *ná*) is used after the comparative in *mó gach n-iongnadh*, 42.20. Cf. *isan* (sic leg.) *oentaid is uaisle cech n-oentaid*, PH. 6405.

ALTERNATIVE FORMS

While the language employed by the poets of the schools was rigidly standardized, absolute uniformity was far from being insisted on. As the Grammatical Tracts which are being edited by Prof. Bergin show, a considerable amount of variety was permitted with regard to the forms and inflections of words. The variety thus sanctioned was, no doubt, for the most part founded on fact, that is to say, it reflected either contemporary variations in usage in different districts or the fluctuation between old and new usage in the same district; but in part, too, it was an artificial convention, a standardization of poetic licence, which was brought into existence for reasons of metrical utility. From the poems in the present Part (although only about one half of them were composed by poets trained in the professional schools) it is possible to glean a fair number of examples to illustrate the permitted variations of form. These variations may be classified as follows :—

I. Substitution of *a* (*á*) for *o* (*ó*) :—*cor* (*cur*) : *car* 52.83. *cloch* : *clach* 56.11. *coidreabh* : *caidreabh* 52.80. *colann* : *calann* 78.3. *coll* : *call* 61.15. *croiceann* : *craiceann* 80.10. *fochain* : *fachain* 69.27. *folach* : *falach* 61.95. *folt* : *falt*, cf. 50.23. *tochar* : *tachar* (see Glossary). *to*(*i*)*l* : *ta*(*i*)*l* 68.16. Long vowels :—*claochlódh* : *claochládh* 56.28. *cóir* : *cáir* 54.92. *dóigh* : *dáigh* 56.115. *fód* : *fád* 54.64, 61.31, and cf. 49.3. *iargnó* : *iargná* 60.28. *tórann* : *tárann* 45.2. A double substitution is seen in *onóir* : *anáir* 49.32.

II. Other vowel differences :—*cúig : cóig* 62.28. *iompódh : iompúdh* 52.88, 110. *tús : tós* 72.2. *úidh : óidh* 51.11.

luagh : lógh 61.108. *sluagh : slógh.*

cumas : comas 78.6. *cumaidh : comaidh* (see Glossary). *tulach : tolach* 51.51.

lios : leas 56.63.

The old prefix *air-*, later usually *ur-*, may also assume the forms *or-* and *ear-*, thus, *urghránna : orghránna* 50.40. *urla : earla* 49.51.

Mid. Ir. *oi* (stressed) has in most words become *ui* in current Irish. In scholastic verse *oi* is the commoner, but in many words *ui* is also allowed, hence we have doublets like the following :—*buile* 76.30 : *boile. buing* 52.96 : *boing. muirn* 72.10 : *moirn* 56.55. *tuirse : toir(r)se* 49.27, 56.123. Compare also *moir* 48.6, 15, a doublet of *muir* (O. Ir. *muir*) ; and *oile*, 'other,' which interchanges with the current *eile.*

Mid. Ir. *i* followed by a broad consonant is nowadays *iu* in most words, but is generally spelled *io* in these poems, e.g. *siobhal* (now *siúl*), *tiogh* (now *tiubh*), *iomad* (now *iumad*).

III. Fluctuation in the quality of consonants. This occurs mainly at the end of words, where it is often due to the use of acc.-dat. forms of feminine *a*-stems as nominatives. Examples are :—(A) final. *áil : ál* 52.88, 68.4, 71.18. *anois : anos* 58.22. *breith* 53.108 : *breath* 60.19. *dáil* 52.8 : *dál* 79.7. *deilbh* 61.60 : *dealbh. éidir : éidear* 52.59. *mair* (vb.) : *mar* 58.14. *malairt* 51.8 : *malart* 50.34. *meadhair : meadhar* 58.32. *pudhair* 52.28 : *pudhar. róimh* 51.20, 56.36 : *rómh* 56.67. *toil : tol* (cf. *rothol* 63.15). *úr : úir* 51.48 etc.

(B) non-final. *coimhidheach* 56.28 : *comhaidheach* 52.80. *cridhe* 46.39, 70.7 : *croidhe. ifreann : ifearn* 61.29. *oirdheirc : oirdhreic* 49.50 : *ordhairc* 51.8 : *ordhraic* 52.6. *timcheal(l) : tiomchal* 56.100.

Compare also *cumhain* 52.27, now *cuimhin ; lór* 61.107 etc., now *leór ; tarbha* 60.31, O. Ir. *torbe*, now *tairbhe, tairife ; tréagadh* 50.54, now (and in 52.60) *tréigean.*

IV. Variation in final consonants (usually the interchange of voiced and unvoiced guttural and dental spirants) :—*cíoch : cíogh* 50.51, 54.27. *féach : féagh : féag* (see Glossary). *ionad : ionadh* 46.13, 61.23, 71.30. *lúth : lúdh* (cf. 60.2). *teach : teagh* 58.36. *tnúth : tnúdh* 52.92.

V. Various :—*léig* passim : *leig* 61.4 (now *lig, leog*). *iniu* 79.19 : *iniugh* 79.11, 15 (now *iniubh*). *coill : coille* 61.79. *éis : éise* 46.28, 50.31. *inis : in(n)se* 54.92 (and cf. 50.55, 60). *feadh : eadh* 60.36, *fuaigh : uaigh* 56.132. *fuar : uar* 58.33. Compare *an*, stay, now *fan. éidir*, now *féidir*, and the like.

GLOSSARY

Words formed by means of prefixes (such as *an-*, *deagh-*, *in-*, *ro-*) or suffixes have, as a rule, not been included. Adjectives in *-ach*, derived from nouns, are very frequent, especially in poems 43, 45, e.g. *crannach* (wooded), *cuachach* (frequented by cuckoos), *grianshrothach* (with bright or sunlit streams). Similarly only a limited number of compound words have been included. Compound nouns are made up either (1) of adj. + noun, e.g. *breaclong* (speckled ship), *gealaitreabh* (bright dwelling), *tiormthor* (dry, *i.e.* well-roofed, tower), or (2) of two nouns, e.g. *drúichtinnse* (dewy isle), *ríghthriath* (royal lord). Compound adjectives consist either (1) of noun + adj., e.g. *bruachdhubh* (dark-margined), *dlaoiréidh* (smooth-covered, *i.e.* clothed with soft grass, 54.40), *cnódhonn* (bearing brown nuts), *foiltfhionn* (fair-haired), or (2) of two adjectives, e.g. *caomhnuaidhe* (fair and fresh), *míondubh* (smooth and dark), *óigmhear* (young and sprightly). Like other adjectives these may be used poetically as nouns, e.g. *lionnghlan* 56.72, and *slisgheal* 56.96.

An asterisk indicates that the reading is uncertain.

A-BHUSAIN, 52.31, =*a-bhus*. Certain suffixes such as *-ain* were formerly sometimes joined to adverbs of direction without altering the meaning. Similarly *sa Sbáinn tiaran* (*: niamhadh*), 23 L 17, fo. 20 a; *thiarain*, TD. 20, l. 31; *aniarana*, ib. 56, l. 59; *a-nuasain*, Dán Dé, 25, §12; *suasan*, ib., 11, §8; *anallana*, O'Gr. Cat. 466; *anallamhain*, Ériu, ix, 165, §22; *anallain*, Celt. Misc. 156y; *a(d)tuaidhean*, ib., 362.

ACLAIDH, 42.38, fishing, angling. Contrr., s.v. *ad-claidim*. Explained as *dubhānacht* (from *dubhán*, a fishing-hook) in Betha Colaim Chille, p. 436, l. 19.

AD-CHIAD, 61.10, 'do chíon (iad).'

ADHAINT, 51.7, a kindling, stirring up, causing; earlier form *adhnadh*, 60.31.

ADHBHA, 51.2, 58.5, 70.10, habitation, dwelling.

ÁGH, 51.43, 55.23, 'cath, troid.'

ÁIBHÉIS, 50.32, ocean.

AIDHBHSEACH, 48.17, bulky, spacious, vast.

AIÉAR (two syllables), (1) 51.38 (gen. *aeóir*), air, sky; (2) 76.17, jollity, amusement.

AIGMHÉIL, 56.78, terrible, dangerous.

AINBH(F)INE, 46.40, 52.56, a stranger race, a foreign people.

ÁINEAS, 51.45, 60.40, amusement, delight.

AIRGHEACH, 45.23 (: *airneach*), abounding in cattle. From *áirghe*, a place for milking cows, a herd of cattle. The *a* is usually long; cf. *āirgheach : āirm[h]each*, Top. Poems, 120; *āircche : āille*, Ériu, iv, 61; TD. ii, 252, §11; Sc. *áiridh*, hill pasture, a shealing, and *áireach*, a dairyman, a keeper of cattle. But an alternative form *airghe*, with short *a*, is suggested by the present text. Cf. in this connection *airgheach*, caretaker, shepherd, Donegal (Quiggin, §75; ? influenced by *aire*), also (: *ainbhreath*) used by Ó Heódhusa, 23 I 40, p. 39; and the borrowed Norse *erg*. Further *airrghibh*, d. pl. (: *dainmhidh*), Gr. Tr. l. 1179. Manx has *eree*, *aeree*, or *eary*, a herd, a hill-pasture.

ÁIRMHEACH, 62.10, famous. From *áireamh*, enumeration, hence fame (e.g. *do sheich t'áireamh i nAlbain*, Gof. Fionn, IM. 1919, p. 225).

AIRNEACH, 45.23, abounding in sloes.

AISLING, a dream, vision, hence in 50.40 an (unwonted) sight, and in 56.26 a wondrous or unwonted metamorphosis (?). Compare the meanings of *amhra*, (1) wondrous, (2) a wonderous appearance, a vision. Cf. also the meaning of *taidhbhse* (*tadhbhaise*) in *caidi an sluagh ané anoisi? | a Dhé, as truagh an tadboisi*, Gr. Tr. l. 236.

ÁLADH, 56.124, a wound. Compound, *éagáladh*, 56.128.

ÁLGHAS, 47.7, 47, desire, longing.

ALMSANA, 59.14, "alms deeds" (O'Brien); pl. of Mid. Ir. *almsu*.

ALTDORCHA, 50.27, dark and towering; from *alt*, a cliff, a height, and *dorcha*. [A variant reading here is *fhaltdorcha*, dark-maned].

AMHRA, 62.38, wondrous.

ÁN, 42.17, beauteous, bright.

ANBA, 46.45, very great.

ANBHÓIN, 64.84, trouble, distress, <*anbhuain*.

ANNSA, 42.28, difficult, hard; 74.11, dearer, more beloved. As sb. (=*annsacht*), 51.9, 52.73, love.

ANSHÓDH, 55.52, misery, want.

ANUAIS, 59.66, "fierce, cruel" (O'Brien).

AOI, 59.14, " instruction, knowledge " (O'Brien). Mid. Ir. *aí*, knowledge, science, art (Contrr.). In poem 50 *ar aoi* of l. 56=*d'fhonn ealadhna* of l. 50.

AOIGHE, 54.47 (n. pl. *aoighidh*), a guest, a stranger.

AON : *aon na leabhar*, 42.33, 'ceann de sna leabhraibh, ceann dem chuid leabhar.'

AONADHAIGH, 46.27, 'aon uíche (amháin).'

AONARC, 61.111, =*aon*+*arc* or *orc*, a young one (of certain animals, e.g., pig or cow).

AR, 54.39, ploughing, tillage.

ÁRACH, 55.22, a bond, fettering, fig. crippling.

AR-AILL, 56.20, ' eile.'

ARTHRACH, (1) a crossing, voyage, 50.25. (2) a vessel, *árthach*. *a. Dhá Thí*, 54.51, i.e. Ireland ; *lucht caolarthraigh*, 54.54.

ATMHAR, 50.24, swelling (adj.).

BAIL : *ar bhail*, 68.15, successful, prosperous ; *gan bhail*, 68.19, void, ineffective.

BALG=*bolg* ; in 61.13, where the MS. makes it fem., it means a roe-corn. For *balg*, fem., mostly in the sense of ' bubble,' see Gr. Tr., p. 91.

BALL, 61.42, a spot, stain.

BALLACH, 41.12, 43.9, 56.133, spotted, speckled, multi-coloured.

BARAMHAIL, 54.5, a likeness, comparison. Cf. *baramhail do bearthar dún | an leanbh do bhaoi i mbríosún*, Gof. Fionn (Timth., viii, 27).

BEAG, sb., 63.27, ' beagán.'

BEANGÁN, 55.12, a scion.

BEANNBHACHLACH, 48.34, with tapering masts (?), from *beann*, a peak, and *bachall*, a staff.

BÉARLA, language ; in 56.23 warbling, cries (of birds). Cf. *labhra a hén*, Studies, 1920, 568 (§23).

BÉILLIC, 64.76, a (big) flagstone, a tombstone. Cf. *fé b[h]éillic*, " 'neath the gravestone," DBr. i, 62.

BÉIN, 61. 64, v.n. of *beanaim*, I strike, cut, pluck.

BEITHIR, 66.17, some fierce animal. The common translation " bear " seems due to nothing more than a deceptive resemblance to the English word. The Irish word is frequently used in the secondary sense of ' brave warrior ' (cf. *leómhan*), as in 54.60 ; but we also find it applied complimentarily to a lady, e.g. *a bheithir chorcra*, TD. 106, l. 191.

BILE, 46.2, rim, edge. See *broine*.

BILEACH, 43.12, covered with large trees, well-wooded.

BÍOBHA, 66.20, enemy, < *biodhbha.*

BIOTRUAGH, 51.64, ever-sad (*bioth+truagh*).

BÍTH, in *do bhíth,* 57.2, on account of. In O. and Mid. Ir. *fo bith* (*bíth*) has the same meaning; and cf. *do* (*fo, tre*) *bhithin,* which in later verse is found with *-íth-*.

BLÁITH, 61.78, smooth.

BLEIDHEACH, 56.27, with many drinking cups, festive. From *bleidhe* (in Contrr. *bléde*; leg. *blede*).

BOCACH adj., 43.22, (leaping) like a goat.

BOIREANN, 44.14, a rock.

BOLG: *ó bholgaibh tonn,* 48.39, from the heaving billows.

BONNÓGACH, 48.19, leaping, bouncing. Cf. *bunnóg,* a leap, S. Ó Neachtain (Gleac. Géag.); Sc. *bonnag.* Possibly for **bannóg,* from *bann* (Part I).

BORD, 48.40, edge.

BRAONACH, 43.26, 45.8, moist, well-watered.

BRAONSGATHACH, 69.26, dappled with flowers. Cf. *ar deisceart Breagh braonsccothaigh,* Top. P. 12.

BROINE, front, edge; *óthá a broine go a bile,* 46.2, from coast to coast. Cf. *ó a bhile go a bhórd,* Deargruathar Chonaill Ch., ed Lloyd, p. 22, l. 18.

BROINEACH, 46.48, edged, coast-girt.

BRÚ, 48.33, the womb or hold of a ship, hence (here) a capacious ship.

BRUGHAIDH, 57.20 (g. pl. *brughadh*), farmer, tenant.

BUABHALL, 43.4, wild ox.

BUAILE, 44.24, a cattle-fold, place where cattle are milked.

BÚIDH, 57.14, affectionate, loving, kind.

BUILIDH, 74.22, blooming, beautiful, sprightly.

BUINGIM, 50.28, 'buinim, bainim'; *gan bhuing re,* 52.96, 'gan buint le.'

BUINNE, 50.13, a stream; 50.36, a rushing wave, a billow; 48.44, a rush (of wind).

BÚIRTHEADH, 50.36, roaring (of the sea).

BUN 'S CIONN, 58.16, with original *ós* shortened to *s.* Similarly, in a poem attrib. to Gofraidh Fionn, *beag do ním acht beart bun 's cionn,* Timth. viii, 64. Now *buiniscíún* or *bunaiscíún*; but a dissyllabic pronunciation (*bun-sciún*) is seen in DBr. i, 78, ii, 238, iii, 26, and in Seán na R. 82.

BUNADH: (1) *do bh.,* 68.15, securely, permanently. Cf. *ní mhaireann grádh do bhunadh,* D. Grá. 111; *acht go mairi*[*o*]*dh a bhladh do bhunadh,* provided his fame endured, ITS. v, 96; *an anfaidh síol saoir-Fhéilim | fá'n daoirse-se do bhunadh?* GJ. 178, p. 838. (2) Gen. *bunaidh*, 52.107, well-grounded, authentic, true. *san fhód bhunaidh*, 49.39, in (my) native land.

CAIDREAMH, 52.80, 'cuideachta.'

CÁIDH, 54.88, 61.82, spotless, holy, =*cáig*, 64.43.

CAINGEAN, dealing, matter of business or dispute, pleading; *ní fhuil ar chléircibh caingean*, 55.18, the clergy have no status (?).

CAITHEAMH: *an chuid chaithmhe*, 67.12, the food about to be eaten. Cf. *gan chuid caithmhe*, "having no food," Dán Dé, p. 7, §20.

CALL, 61.15, =*coll*, hazel.

CALMUAIN, 48.16, calm weather.

CAOIMHDHE, 51.56, affectionate, loving (?).

CAOIN, 53, ll. 11, 92, 132, outer surface, envelope.

CAOR, a glowing mass, etc., hence applied to a brilliant student, 62.11; to a group or body of people, 49.20, 55.43. Cf. *ag do chaoir charad-sa*, Dán Dé, 60, §28; *in a gcaeir shluaigh*, "in a compact host," Celtic Misc., 364; *caor slóigh*, Studies, 1920, 566, §8; *ón chaoir shluaigh*, ib., 1923, 80, §5; *'gan chaoir shuadh*, ib., 1925, 404, §7.

1. CAR, =*cur*; *re a char rinn*, 52.83, 'le casa lium.'

2. CAR, vb., love; v.n. *carthain*, 60.16.

CARCAIR, 42.40, a cell.

CATHCHRAOI, gen. of *cathchró*, battle-pen, 'cró catha'; *tréad an chath-chraoi-se Criomhthainn*, 54.80, i.e. the people of this embattled land of C. (Ireland).

CATHIS, 'cion'; *fá ch.*, 66.30, 'ar óstaíocht, ar lóistín.'

CÉ, this, in the phrase *an domhan cé*, 61.110.

CÉAL: *ní ch.*, 46.23, =*ní cheilfead é.*

CEAN, see *cion.*

CEANN, 48.8, 23, a billow, a breaker (cf. *ceannghail* in Part I). *ceann cait*, 59.47, owl. *dár gcionn*, 61.69, 'ar ár son.' *radharc um cheann a calaidh*, 52.35, the sight of its shores. *ceann mo ré*, 72.4, 'deire mo shael.'

CEARCHAILL, 52.20, a pillow.

CEARD, artificer; applied to the Creator, 60.100.

CEAS, 51.25, 56.64, 135, 60.21, gloom, grief, sadness.

CEATAL, 59.31, "a singing or composing" (O'Brien); recte *céadal* (Mid. Ir. *cétal*), singing.

CÉICHTSHLIM, 50.48, tilled with smooth ploughs.

CÉIDE, 51.35, a hill, summit, assembly-place.

CÉIDEAMHAIN, 56.42, Maytime.

CEILEABHAR, 47.32 (d. pl. *-bhraibh*), a chanting.

CEILEABHRADH, 47.1 etc., 49.26, 51.30, 54.92, a bidding farewell.

CÉIM, (1) a pass, 55.2. Cf. the use of the word in this sense in place-names (Joyce, Ir. Names of Places, ii, 385-6). In English 'pass' and 'pace' are doublets. (2) a step, action, 41.15, etc.

CÉIN (old acc. sg. of *cian*) : *an gc. bhíd*, 61.26, during their lifetime.

CIACH, 54.17, gen. of *ceó*, mist, dejection ; acc. sg. *ciaigh*, 56.135.

CIAMHAIR, 63.9, gloomy, sad.

CIAN, long, 59.62 ; long, tedious, 63.21, 71.22.

CINN : *go gcinnear ortha*, 78.12, may I overcome them.

CÍOGH, =*cíoch*, *cín* ; fig. a hill, 50.51.

CION, 46.42, 55.17, affection, regard (*ar*, for). *'na cion*, 72.25, on account of her (*i.e.* youth).

CION, (1) a spoil, prey, herd of cattle, 54.33, 57.22 (gen. pl. *cean*). Cf. *do denamh foghla ⁊ cena*, "to plunder and prey," FM. 1542, and see O'Donovan's note on this (p. 1474) ; *ar aba a chen & a c[h]osccair for choiccriochaibh*, B. A. Ruaidh, 258z; *déanamh cean*, IM. 1920, 595, §15 ; *buachail cean do choimhéad*, TD. 198, l. 104 ; *gan chreich gan chion*, ib. 139, l. 39. Other exx. Gr. Tr. ll. 1539, 1544 ; IM. 1921, 328 ;. TD. pp. 7, 29, 151. (2) a proportionate share ; in particular a proportional contribution, an impost. [In 57.22 the reference is possibly (cf. l.20) to the payment of rents or dues by tenants.] Cf. *leth-c[h]ethramha d'ferann gan cion easpuicc na aird-righ uirre*, BNÉ. 1, 248 ; *gníomh d'fhearann saor ar gach ein-c[h]ion*, "free from every impost," Misc. I.A.S., i, 190 ; *cion a dhuthaidh ar an Sionnuch de so*, ibid. ; *cion a choda fein ag gach combrathair da mbia ag ioc*, App. 29th Rep. D. K. P. R. I., 40 ; "kinduff [*cion dubh*] alias black rent," Fiants Eliz., 5997 ; *cion tíre*, "taxes," "publick revenues," Begly, 397a, 579b, etc. See also Part I. The original meaning of the word may have been 'levy, exaction.' To-day it survives only in the meaning 'share.'

CION, f., fault, transgression, sin ; dat. sg. *cionaidh*, 52.91.

CÍORACH, 48.34, crested, peaked.

CIOTHSHLUAGH, 55.47, a numerous host.

CLADH, a bank of earth, fence, trench, now *clui* ; in 52.39 *cladh* (g. pl.) probably means vales.

CLADHÚR, 69.14, freshly wavy (of hair). D.Grá., 24, l. 106. Cf. *trinseach* applied to hair in 18th cent. verse in the sense of 'sinuous, wavy.'

CLAOCHLÁDH, 56.28, 60.25, 76.24, transformation, decline, deterioration, ruin.

CLÍ, 52.81, 95, 72.19, body.

CLIATH, 48.3 (dat. sg. *cléith*), battle-array, phalanx, bulwark.

CLOCH, a stone castle ; *i gcloich nduaibhsigh*, 61.70, into a gloomy dungeon, i.e. to earth (?).

CLÓDH, 52.112, return ; 55.27, overturning, ruining.

CLUAIN, 54.33, a meadow.

CLÚIMH, =*clúmh*, plumage ; fig., 52.39, grassy covering. Cf. *clúimh ar fhionnmhaoilinn t'fhaithche*, Studies, 1922, 410, §5. So cpd. *clúimhthiogh*, 50.35, thickly clothed with vegetation.

CNÚ, f. nut, 61.51 (voc. sg.), 61.79 (acc. pl.) ; gen. sg. *cnó*, 61.60 ; acc. sg. *cnaoi*, 61.15. Gr. Tr. p. 123. *a Chnú* etc., 70.11, O Love of my heart ; cf. *a chnú mo chroidhe*, D. Grá., p. 18, l. 13.

CNUAS (coll.), 43.13, berries ; 51.32, 52.42, nuts, fruit, =*cnuasach* 43.18.

COIM, 51.51, shelter.

COIMSE, 61.43, meet, fitting.

COIMSIDH, 61.53, 'tiarna.'

COIMHDHEAS, 61.64, expert.

COIMHLING, 56.47, 69.20, a race, contest.

CÓIR : *dár gcóir*, 48.3, near us.

COISE (from *cas*, adj.), 76.9, crookedness, bending, decrepitude.

COLCTHACH, 45.18, a flock-bed, a pallet. *colcach* and *coilcech*, Gr. Tr. p. 61.

COLLAIDHE, 52.99, fleshly, carnal.

COMBÁIDH, 58.3, alliance, co-operation.

COMTHA, CUMTHA, 49.22, 62.30, gen. of *comaidh* or *cumaidh*, companionship, comradeship.

COMHAIDHEACH, 50.62 (v. l. *coimhidheach*), 52.80, strange, foreign. Otherwise *coimhidheach*, 56.28. As sb., a stranger, foreigner ; n. pl. *comhaithghe*, 54.46.

CONÁIGH (gen. of *conách* used as adj.), 61.25, prosperous, affluent, successful.

CONFADHACH, 60.4, raging (adj.).

CONGAIN, 42.25, contrition, compunction.

CONGHÁIR, 51.39, baying (of hounds). Cf. *conairt c[h]ongháireach*, ITS. vii, 32 ; and *conuaill* (a synonym of *congháir*), ib. 14.

CON-IG, 42.30, who has power over, who rules. From Mid. Ir. *con-iccim*.

COR, condition, plight, 56.95 ; request, 61.103 ; occasion, 70.15.

CORA, 59.31, 46, a choir.

CORCRA, 43.13, 56.43, purple.

CORR, 43.2 (*tulcha corra*), 45.7 (*tulach gc.*), 50.35 (*uilleadh gc.*), 50.51

(*cíogh gc.*), 56.29 (*múir chuirr*). The general idea of this very common adj. is terminating in a projection, whether angular or rounded; hence, according to the context, it bears such meanings as tapering, cuspidated, peaked, pointed, jutting out or up, swelling. It has often been rendered " smooth " or " polished," but there seems to be no justification whatever for these meanings nor for the other meanings assigned to the word by Peter O'Connell (" plain, even, long, straight, free "). It is often applied to certain parts of the human body, viz., fingers (cf. *basa méarchorra*, D.Grá.; *bas choirrgheal*, IM. 1921, 290, §21), nails, knees (*glūine corra*, Ériu, iii, 152), breasts (*cíocha corra*, D.Grá.), eyes (*ruisg corra*, D.Grá., i.e. oval; cf. *cuirridir og* quoted in Contrr.). Similarly to gloves (*im lámhainn chuirr*, SG. i, 249), and shoes. Also to spears, swords, etc. (*caithshleagh gcorr*, IM. 1921, 246, §26; *claidhimh chorra*, L. gCeart, 112), to trees (*sgeach chorr*, Studies, 1926, p. 17, §3), to buildings (*a chúirt chorr* IM. 1920, 541, §17; *an bhruidhean nach cuirre cnoc*, ib. 1923, 643, §32; *na mūr ccorr*, Top. P. 102), and to hills (*cnuic corra*, TD. p. 2a, and cf. *tolcha corra in tíri i tá* | *ar coma cíghi cédmhná*, Gr. Tr. l. 169, also *tolcha corra chíogh*, TD. 264, l. 23). Finally to a hilly country (*fá'n dtír chuirr*, Celtic Misc. 354; *fuínn chorra*, ib. 342; *co Boirinn ccuir*[*r*], Top. P. 82; *ón chrích chuirr*, viz. Scotland, Studies 1920, 567, §16). Further *cnú chorr*, Meyer Misc. 172, §27. Additional exx., supplementing the above, will be found in Meyer's Contrr. The word in these senses did not long survive the poetry of the schools, and is all but obsolete by the eighteenth century, though Aogán Ó Rathile employs the compound *corra-chnoc* or *córrchnoc* (ITS. iii, 2 ed., pp. 226, 50). In the later and secondary sense of ' odd ' it still survives in Ir. and Sc. (in Munster, *corra*). Besides its adjectival use *corr* was also commonly employed as a fem. noun, in the sense of a projecting extremity, a curve (e.g. the point of the elbow), a corner, the prow or stern (of a ship). In the form *curr*, ' edge,' this is still in use in Donegal. Compare the derivative *corrán*, a rounded edge (Ac. Sen. 6985-6), a sickle, a jaw. [Pedersen's treatment (Vergl. Gr. i, pp. 82, 94) of *corrán*, which he misspells *carrán*, and out of which he makes two distinct words according as the meaning is ' jaw ' or ' sickle,' seems without justification.]

CORRACH, (1) steep, rugged, 41.10, 55.2. Contrr.; *slighe garp chorrach*, Ó Cianáin, 90. Still used in Donegal Irish and in Sc. in this sense. (2) restless, broken, 44.19.

CRANN, 65.10, 'crann na Cruise.'

CRAOSÓL, 55.27, excessive drinking, intemperance. TBg.; Eoch.-sg., 3.

CREADHAIL, 47.10, pious.

CREAG, 61.3 (acc. sg. *creig*), a rock.

CREAMH, 44.18, wild garlic.

CREAMHACH, 41.11, 43.7, 45.15, abounding in wild garlic.

CRÉIDHIM, 56.60, ruin, dissolution.

CRIATA. 59.64, clayey.

CRODH, 71.10, cattle.

CRÓLUIGHE, 54.7, lying bathed in blood, lying wounded.

CRONNÓGACH, 48.20, pooped. From *cronnóg* (<*crannóg*) a raised platform in a vessel, used as a look-out place, much like the modern bridge.

CROTAL, 59.78, a husk, rind, pod. The line was probably suggested to Seán Ó Coileáin by *croidhe Lir 'na chrotal cró* in a poem in O. Chl. Lir (Atlantis, 1863, p. 124).

1. CRÚ, 61.75, blood. In 56 (ll. 31, 127) it has the sense of race. Otherwise *cró*, 59.78.

2. CRÚ, 61.111, dat. sg. of *cró*, enclosure (for animals), pen, cattle-fold, stye. Gr. Tr., p. 124.

CRUNNGHLAS, 41.10, round and green.

CUALLACHT, 64.86, 'ál,' children, loved ones; 59.62, religious community (for which the ordinary term was *coimhthionól*).

1. CUAN, 61.38, sea (as in Sc.).

2. CUAN, a litter (of young animals); n. pl. *cuain*, 43.16, but normally the word is fem., with n. pl. *cuana*.

CUANNA, 46.10, 69.28, handsome, comely.

CÚICH, 61.102, 'cé' (interr.)

CUING, 52.98, burden (lit. yoke); 49.43, a vow. *c. creidimh*, 52.45, the obligations of religion. *fá ch.*, 52.95, disciplined. *dol fá ch. chrábhaidh*, 49.35, to take a religious vow, enter into religion, =*cuing chrábhaidh do ghabháil*, Eoch.-sg. 17.

CUISLE, 56.22, a flute.

CUMTHA, see *comtha*.

CUR, COR, gen, *cuir*, in *clocha cuir* (lit. stones of setting or alignment), building stones, stones used in an edifice, 56.11. Similarly (*port*) *na sreath gcuir*, 56.75, i.e. with layers of built-up stones. See Miss E. Knott's discussion of the word in TD. ii, 189. I give here some additional examples. (1) Used of the alignment of stones or beams in a building:—*san tigh mhúraigh chlaidhréidh chuir*, IM. 1923, p. 639, §3; *ní léir san chur claochládh slat*, ib. 643, §32; *fighe na corr-mhéise a c[h]ur*, ib. 644, §36 ; *uaimh dhorcha na gclach gcuir*, IM. 1920, p. 597, §31 ; TD. i, pp. 37 (l. 23), 194 (l. 11), 196 (l. 31). (2) Applied to the planting of trees, or the setting of stakes, etc., in the ground :—*crann* (g. pl.) *ccuir*, Top. P. 14 ; *préamha an chroinn chuir*, IM. 1922, p. 416, §8, referring to *an crann chuirthear 'n-a c[h]uaille ; fás a craobh-chall gcuir*, ib. 1919, p. 168, §21 ; *dún na ccall ccuir*, Walsh's Gleanings, 19, §35 ; Hy-Fiachrach, 188, 260, 268 ; TD. i, 154, l. 143 ; *os coill cuir*, Top. P. 52 ; *ní fhuil tú acht id chuaille chuir*, Timth. vii, 30, §11.

DÁ, 52.21, when.

DÁ (for *dtá*), 49.29, 'bhfuil.'

DÁIGH, see *dóigh*.

DÁIL, DÁL : (1) 75.9, a meeting, encounter (but O'Grady, B.M. Cat. 628, renders it "disposition"). (2) 61.86 (*dáil gcoim*, acc. sg. of *dál cham*), a judgment, decree, sentence. (3) 42.10, 52.8, 56.39, 53, 61.70, 79.7, a matter, affair, circumstance, state of affairs, 'sgéal, cúrsaí.' *éag dála*, 46.75, a meeting with death ; cf. *dál éaga* in the same sense and also in the sense of a sentence of death (R. I. A. Dict., coll. 43, 46). *mar dháil i*, 62.37, in recompense (requital) for. *i ndáil*, 64.69, 72.12, towards, to *dála an leagha do roinne ruibh*, 56.105, he has acted towards thee as a surgeon would.

DAINIMH, 46.43, a loss, misfortune.

DÁMH, 55.19, learned folk.

DAMHNA, 51.37, 58.11, 'abhar, cúis.'

DATA, 52.15, fair, beautiful, pleasant.

DEABHAIDH, 71.15, contention.

DEACRACH, 43.3, difficult, distressful.

DÉACH, 61.37, 'féach.'

DEALBHDHA, 49.52, shapely, beautiful.

DÉANAMH TAR, 52.40, to do without, to renounce.

DEARCA, 61.9 (dat. sg.-*ain*), acorn.

DEARCNACH, 46.37,* abounding in acorns.

DEARCHAOINEADH (later *déar-*), 61.101, despair, despairing grief.

DEILIGH, 50.59, separate, part ; otherwise *dealaigh*, whence *dealaighthe*, gen. of v.n., 50.4.

DEIRBHÉILE, 50.2, grief, trouble of mind. ZCP. vii, 303 ; IM. 1919, p. 624 (§19) ; Dán Dé, p. 24 (§8) ; 23 I 40, p. 191. Cf. *dearbhdáile* in Pt. I.

DEISEAL : *ar d.* 74.2, with favourable omen.

DEÓNAGHADH, 68.16, consenting, vouchsafing ; *an D.*, 54.89, Providence, the will of God.

DEÓRA (earlier *deóradh*, but also *deóra*, Gr. Tr. l. 792), 66.30, a stranger.
DEÓRADHACHT : *ar d.*, 54.82, exiled, outlawed.
DIADH : *i ndiadh* 46.20, O. Ir. form of *i ndiaidh*.
DIAL : *ler dhial druadh*, 51.63 (where *druadh* seems used as n. pl., = Mid. Ir. *druíd* or *druíde*, later *draoithe*), whom druids loved (?). The ordinary meaning of *diall re* is to take after, to resemble.
DIMBRÍOGH, 49.6, disparagement, belittling ; *fád dhula i nd.*, 56.68, at your enfeeblement, your overthrow.
DÍOBHADH, 56.97, destruction. Contrr. (*díbad*).
DÍOBHDHÓDH, 54.6, destruction, ruin. Contrr. (*díbdud*) ; *tarthaidh sinne ar ndíobhdhúdh dhe*, IM. 1920, p. 110
DÍOGHAINN, 46.58, 52.34, thick, close, luxuriant.
DÍOGHRAIS, zeal, affection, ' díogras ' ; in 63.16 = the best-beloved (cf. Misc. Ir. Proverbs, § 358).
DIOMÁ, 59.43, sorrow, grief (Mid. Ir. *dimbág*) ; = *diombáigh*, 51.44. Hence adj., *diomách*, ' brónach,' 64.4.
DIOMUA : *d. séin*, 64.99, misfortune, ill-luck. Mid. Ir. *dimbúa(i)d*.
DIONGAIBH, ward off, repel ; *diongbhatsan*, 54.76, is for *diongbhadh-san*, 3 sg. past subj.
DÍORMA, 55.26, a band, company.
DÍOTHRABH, 54.62, a desert, an uninhabited or inaccessible place.
DLAOI, a wisp, lock of hair, thatch, covering ; *fá dhlaoi*, 47.4, hidden. Cf. Contrr. (*dlái*) ; *go bhfuineann [an ghrian] san sál fá dhlaoi*, Mac. an Iolair ; *do fhan go diamhair fá dláoi*, BNÉ. i, 152 ; *mé dubhach má dol fá dhlaoi*, Studies, 1926, p. 77 : sad am I at its eclipse.
DLEACHT, 64.52, ' cóir ' ; = *dlithe*, due, 64.49.
DLIGHIM, I ought to, I owe as a duty (*do*, to), I have a right to (*de*, from) ; pres. pass. *dleaghar*, *-air*, 60.11, 78.2. *do dligheadh dínne*, 76.9, which I ought to have made. *dhligheas d'aithne*, 54.45, whom she ought to own.
DLUIGH, 73.9, a right or fitting thing. Reff. to other exx. in Dán Dé, p. 142, l. 13.
DOBHRÁN, 43.21, an otter, ' dobharchú, madra uisge.' Ac. Sen. 735.
DOCAMHAL, 52.51, ' cruatan.' [In current Northern Irish the *o* of this word and of its opposite, *socamhal*, is long ; cf. *dócal*, Donegal (Quiggin) ; *dócúil*, adj., J. H. Molloy's Grammar, p. 49].
DO-CHIGHSEADH, 56.95, = *do-chífeadh*.
DOGHAILSE, 51.44, grief, woe. Celt. Misc. 380 ; A. Ó Dálaigh, 64, §27.
DOGHRA, 62.32, 63.21. grief, lamentation.
DÓIGH, DÁIGH : *dóigh*, 54.93, confidence, trust ; *do dháigh i*, 56.115, in the hope of, = *i ndóigh*, 51.19. *dom dhóigh*, 55.4, methinks.

DOIRBH, 56.26, 56, 60.16, grievous, painful, bitter, vexatious.

DONNMHÁLLA, 50.39, a compound of *donn*, brown, and *málla* (later *mánla*), gentle, mild. Here applied to (small) waterfalls; otherwise in TD, 5, l. 107: *mo ghnúis bhláith dhonnmhálla.* [Possibly in 50.39 we should read *dtonnmhálla*, "gently-dropping," with Miss Knott.]

DORDHA, 75.9, stern, dour, gruff.

DO-RÓ, 61.80, 3 sg. fut. of *do-roich*, reach, go.

DROMCHLA, a summit. top, raised surface; hence, 50.32, expanse (of sea). Cf. *tar dromchla ndomhain ndíleann*, TD. 145, l. 132; *drumchla in muigi*, Gr. Tr. l. 100; *drumchla mín Muman*, Ériu, iv, 222, §36. Cf. the similar use of *léibheann* and *muincheann*, infra, and also *ardmhuir*, high sea, 46.47.

DUAIBHSEACH, 61.70, gloomy, disconsolate.

DUAS, a gift; *ar nd.*, 61.94, the boon I crave.

DUBHA, 42.10, 60.15, gloom, sadness, sorrow.

DÚILEAMH, 70.2, Creator, Lord.

DUILIBH (older *doiligh*, *duiligh*), 57.34, sad, sorrowful.

DUILLE, 63.2, foliage; here, as very frequently, the word has a collective sense (='duilliúr'). *duille an domhnáin*, 52.72, filthy lucre, worldly wealth viewed as something deciduous or evanescent (like its possessors). Cf. *duille diombuan an domhain*, TBg. (ed. Atk.), 11; *duilleabhar an domhain-se*, IM. 1921, p. 202, § 6; and the exx. quoted or referred to in Miss Knott's note in TD. ii, 234. Similarly *bláth an domhnáin*, Studies, 1925, 406.

DUINIGH, 61.112, become man, become incarnate.

DÚRAINGIDH, 54.86, cruel and spiteful, bitterly relentless (*dúr*+*aingidh*).

DURSAN, 55.25, 'trua.'

EACHTRA, 63.19, journeying abroad, hence (here) absence.

ÉADROCHTA (gen. sg. used as adj.), 50.44, 56.44, bright, white, resplendent, 'glégeal.'

ÉAGNACH, 76.38, complaining, deploring, telling sorrowfully (*re*, to).

ÉAGOSG, 50.30, aspect, appearance.

EALTA, 42.17 (acc. pl.), bird-flock.

EANG, a gusset (*e. éadaigh*, *e. léine*, Begly 284b; cf. "*eang*, the gore of a shirt or smack [*sic*] or gusset," Tg. Ó Neachtain); hence in general a strip of cloth, such as a pennon or flag (see TD. ii, 212), or a sail (as here, 56.44). Cf. Gr. Tr. p. 24 (l. 5) and l. 196. More frequently applied to a strip of territory, or tract of country, whether large or small, e.g. *eang thíre*, applied to Inishowen, TD, 206, l. 122. In this sense the word is quite common in the literature of the seventeenth and preceding centuries. Cf. a fairly early instance in RC. xxi, p. 162, ll. 13-14; and a late example in Aog. Ó Rathile's *na seabhaic . . . ag ar dhual an eang* (ITS. iii, 2 ed., 28). For the different meanings cf. *asgallán* (lit. a gusset) applied to a strip of territory, Top. P. 62y; and Mid. Ir. *bréit*, which means both a strip of cloth and a strip of land. *Eang* is apparently a cognate of Lat. *angulus*, a corner, and *uncus*, a hook. It still survives in Donegal in the senses of a splice in a shirt, a strip of land (Quiggin, §§ 4, 302). An adj. *eangach*, meaning made up of strips, composite, is also found, mainly in connection with armour and clothing, e.g. *sciath engach*, Ac. Sen. 1035; *in t-étach engach*, ib. 6995; *cotún eangach*, Rel. C. ii. 260; *céile an chláir eangaigh iubhraigh*, Top. P. 84; other reff. in Laoithe Cumainn, p. 31. As a substantive *eangach* means a fishing-net, or a chain of fishing-nets (used in Mayo and Donegal; and cf. Begly, 305b, 491b); compare *eangach úiriaruinn*, i.e. a coat of mail, D. Ó Bruadair, ii, 136.

ÉANLÁMH: *d'éanláimh*, 52.86, together, simultaneously, 'i n-aonacht.' Cf. *ro cotar uile d'oenlaim il-lenmain Poimp.* CCath. 3231, they followed Pompey in a body; *od tfhoghluibh a nInis Fáil | do líonsat dár bhfuath d'énláimh*, 3 C 12, p. 390; *do bhearuinnsi orra d'énláimh . . . buaidh lé haonrann adhmholta*, ibid. 404; *go ria a naithrighe d'énláimh*, O'Gr. Cat. 467; *tógam d'aonláimh aongháir uallghuirt* (sic leg.), P. Feiriteur, 385; *báithfidh cách uile d'éanláimh*, TD. 46, l. 142; *do ionnsagdar daoin laimh Mac Cenain*, Rel. Celt. ii, 164, with united forces; *Parlameint Shagsan ⁊ Alban daonlaimh na aghaidh*, ibid. 202, joined together against him. From the meaning 'joined together' the transition to 'continuously' is very easy; and hence we have *d'aonláimh* surviving to-day dialectally in the latter sense in broken-down forms, viz. *a dóláimh* (Mayo) and *a dólamh* (Donegal), which represent **daolláimh* modified by folk-etymology as if it were a compound of *dó+lámh*.

EARLA, 49.51, hair, *úrla*. Here *earla claon* idiomatically stands for 'bean (Maighdean) an earla chlaoin.'

EARRADH, accoutrements; *e. gaisgidh*, 71.17, arms (and armour), weapons of war.

EASCAOIN, 56.132, the rough or inner side; see *caoin*.

EASGAL, 59.35, "a storm, a blusterous wind" (O'Brien). *escal* and *ascal*, CCath.; O.I. *esgal* (Ped. ii, 521).

ÉIDIGH, 51.36, ugly, unpleasant.

ÉIDRÉAN, opposite of *tréan*; *ar é.*, 54.66, enfeebled, oppressed.

ÉIGNE, 43.24, salmon.

EISÍODH, 68.18, contention, strife.

EISIODHAN, 52.92, unrighteous.

EÓ, salmon; *eó fis*, figuratively applied to the Creator, 61.42; in l. 52 of the same poem it seems to refer to the angels and saints. Cf. A. Ó Dálaigh, 2 (§4), where the Blessed Virgin is *an t-eó fis ór dhuinigh Dia.*

EÓLCHAIRE, grief at parting: 50.10, 51.46, 52.24, the sadness of exile, homesickness; 60.30, 62.37, grief through a loved one's death; 46.20, grief at a friend's departure.

FACHAIN, 69.27, 'fáth.' A variant of *fochain.*

FAIRCHE (lit. parish or diocese), 50.23, territory. Cf. *anbhuain fhairche Chonnocht*, IM. 1921, 328 (§8); *fairche Floinn*, DBr. iii, 190.

FAIRGSE, 52.33, sight, view.

FALTSHOILSE (=*folt*+*soilse*), 50.23, bright-haired, covered with fresh growth (gen. sg. used as adj.).

FAOI, mate (with); *ler fhaoi Art,* 50.55, who wast the spouse of Art (who here typifies the ancient monarchy of Ireland). With this line compare *an bhréiginsi lér fhaoi Art* (Studies, 1921, p. 75, §18) in a poem written in 1602 by Eóghan Ruadh (mac Uilliam Óig) Mac an Bhaird.

FAOITHIGHE, gen. sg. (prob. for *-ighthe*), 53.15, the passing of the crisis in illness, alleviation, relief. The nom. is *faothódh*, Aog. Ó R., 2 ed., 172; *faothughadh* (MS. *faoghudha*), Stair É. Uí Chl., 970; *faothamh*, Doncha Rua, (gen.-*aimh*) P. Haiceud 18. Sc. *faochadh* (prob. < *faothachadh*). Nowadays *aothó* or *aothú*=crisis, while *faeseamh*=alleviation.

FAOLAIBH*, dat. pl., 56.7. Meaning and reading uncertain; other MSS. suggest *aolaibh* or *aolaigh* here, as if the word were connected with *aol*, lime.

FÉACH, also *féagh* (46.60) and *féag* (67.7), see, look at, examine, visit. *muna bhféachainn do*, 64.37, were it not for my regard for; *gan féachain do*, 66.14, without regard for; a common idiom. *féagh re*, 54.79, succour (?). The v.n. has various forms: *féachain, féaghain, féagain* (50.4), and *féaghadh* (42.26, 52.88).

FEADHA(I)N, 49.11, a troop, company. *ceann feadhna*, 55.38, a commander, military leader. Gr. Tr., pp. 53, 86.

FÉ(I)NE, 46.29, 72, 'féin, féinig.'

FÉ(I)TH, 42.4, outward appearance, aspect, a smooth surface, a calm. Cf. Aisl. M.; *tic féth forsin fairge ocus do íslig in muir*, SG. i, 346;

tic feith ciuin forsin fairgi, Aen. 266. Evidently cognate with Welsh *gwedd*, aspect, appearance. (Pedersen's suggested explanation, Vergl. Gr. ii, 628, of *féith*, 'a calm,' is unconvincing.)

FEITHEAMH, 78.13, watching.

FEOCHAIR, 78.19, angry, fierce.

FEÓITHNE, 66.22, a blade of grass or corn. Cf. *ní thig feoithne feoir ar mhóintibh*, Keating's Poems, 142. Keating, TBg. (ed. Atk.), p. 73, defines *feóithne* as *an chuid is sine don fhéar*; and, as our poet has drawn his inspiration from this passage, this may be the meaning in the text (66.22). But the word is only a form of *foichne*, a blade of green corn (Triads of Ireland), modified under the influence of *feódh-*, wither. For evidence of an intermediate form, *fóichne* (with long *ó*) see infra under *foichnín*.

FIADH, 49.7, 51.36, 58.20, land, district.

FIAN, 49.8, 54.12, a band of fighting-men, an armed force.

FIANBHOTHACH, 48.11, having bothies (temporary shelters) for soldier-bands.

FIARA: *ar f.*, 66.42, 'cromtha.'

FIARLÁN: *ar f.*, 48.26, athwart. Cf. *ar fiarlaoid* with same meaning.

FIDIR: *do fh.*, 49.29, knows; *ní fheidir mé*, 50.14, 'ní fheadar.'

FIODH, 46.41, wood. The reference here is to *Doire*, which signifies oak-grove.

FIONNAIM, 59,63, "to look upon, to behold, to see," O'Brien (based on Lhuyd). The usual meaning of *fionnaim* (now obsolete) was: I know, discover.

FIRMINTE, 52.4, 56.14, firmament, skies. Studies, 1921, 418 (§3); TD. 51, l. 22; Ridgeway Essays, 344, §30; dat. sg. *firmeint*, P. Haiceud, 87. More commonly *fiormamaint*.

FIÚ, 54.22, equivalent to, the same as; *níor bh'fhiú*, 58.7, did not deserve (as a punishment).

FÓBAIR, attempt, try to do; v.n. *fóbairt*, 52.94.

FOCHAIN, 49.41, 'abhar, cúis.'

FOCHAM, 74.3, =*cam*, crooked, deceitful. Wi. Wb.; Meyer Misc. 172 (§27).

FOCHAN, 61.11, young corn in the blade. IM. 1920, p. 266 (§46). Sc. *fochann*. Cf. *fochnagán*, TBg.

FOICHNÍN, 61.9, a little blade of green corn, dim. of *foichne*, which itself is a singulative of *fochan*, q.v. Later these words are found with long *ó*, thus *fóchan*, Aindrias Mac Cruitín (IM. 1924, 656, l. 19); *fóichnín*, P. Haiceud, 10; and see *feóithne*, supra. Cf. a similar development in the word for 'thistle,' *fóthannán*; the Gr. Tr.

recognize both *o* and *ó* (p. 54), while in Munster the word has become *feóchadán* (and *feóthadán*), under the influence of *feóchta*, withered.

FOIGHREADH : *do f.*, 62.14, was tempered, trained.

FOILC, 69.13, 15, bathe ; v.n. *folcadh*, 55.16.

FOILEIMNEACH, 48.29, leaping, ready to leap. Mid. Ir. *foil(ei)mnech*, Triads 91, 238 (and gloss.). The meaning " roped " given by Meyer, Triads 169 and Aisl. M. gloss., seems mistaken ; in both texts *foilmnech* is appiled to a hound (*cú*).

FOIRFE, 72.23, ' caite.'

FOIRGNEADH (or *-eamh*), 54.34, a building, castle, house.

FOITHREAMHAIL, 45.13, wooded. Studies, 1920, 566 (§6) ; ITS. vi, 213 (s.v. *foithre*).

FONN, 45.8, 49.3, etc., land, ' tír.'

FONNMHAR, 41.4, 54.38, spacious (?), apparently a derivative of the last word.

FORA, 59.17, " a seat or bench " (O'Brien). Mid. Ir. *forad* ; Sc. and N.I. *faradh*.

FORAOIS, 43.6, a forest (containing game).

FORAS, 78.14, a standing steady, holding one's ground. Cf. *nach faghair foras a naonāit*, Luc. Fid. 343.

FORBH(F)AOILIDH, 54.2, joyous, elated.

FORRACH, 42.43, a forcibly overcoming, overwhelming, overpowering. ITS. vi, 214.

FOTHARACH, f., 59.33, a ruin.

FRASCHAOR, 48.36, volleying shot.

FUADAR, 66.15, promise, expectation of future achievements.

FUAICLE, 66.16, a wastrel.

FUARÁN, 58.35, refreshing shade, cooling fountain.

FUIDHEALL ÁIR, 54.6, a handful of survivors (lit. remnant of slaughter).

FUIL,* 61.75, people (lit. blood). Cf. *crú*.

FUIRIGH, 67.9, permit to stay. Cf. *comhrainn d'Éirinn ní fhuirigh*, " he permits no sharing of Ireland," IM. 1923, 588 (§20) ; *créad anois fhuirgheas Éamonn ?* " what now delays E. ?" TD. 132, §1 ; O Cath. 5802. Intransitively 55.46, ' staon ' ; 61.111, ' fan.'

GÁBHADH, 55.46, danger.

GABHAL, a pillar, a prop. Cf. *gabhal-fulaing*, " a base, pillar, undersetter," glossary in Kirke's Bible (1690). For the " pillars " of the sun, 61.100, cf. *is grian dá ghabhlaibh* [leg. *ga-*], Dán Dé, 48 (§31), and the exx. quoted *ib.* 148.

Gad, a withe. In 75.24 there is allusion to the former employment of a *gad* as a substitute for a hangman's rope. Compare Bacon, Essays, xxxix :—" I remember in the beginning of Queene Elizabeth's time of England, an Irish rebell condemned, put up a petition to the Deputie, that he might be hanged in a with, and not in a halter, because it had been so used, with former rebels."

Gairéad, 56.45, a watch-tower, a look-out on a castle wall. Cf. *san gairedh* [leg. *-éd*] *is airdi*, translating *in arce*, Mackinnon Cat. 66 ; adj. *gairéadach*, TD. 192, l. 144. From Mid. Eng. *garett*, *garite*, with same meaning (whence current Eng. *garret*).

Gairthe, 50.3, 60.7, lustrous, radiant, beaming (from *gor*, *gar*,+*te* ?) ; used of what shines with reflected light, or figuratively, but also applied to the sun (e.g. IM. 1920, p. 163, §6). Often, as here, of a bright or sunny countenance (*dreach*, *gnúis*, *gruadh*), or of a smiling country-side (*leirg*, *fonn*). A few exx. may be quoted : *go a ghruadh ghairthe mar smuailghríos*, Ériu, v, 66 ; *solus meirge ngairthe nglan*, Studies, 1922, 411 ; *an ré úr gairthe is an ghrian*, Dán Dé, 56. Later it assumed the form *gartha*, which is common in 17th and 18th cent. verse, e.g. *beol gartha*, Keating's Poems, 109 ; *a ghriainfhir ghartha*, GJ. 110, 23a ; *a ghéis ghartha ghléigeal*, É Buí Mac C. ; also *an ghrian ghartha*, Fís Mherlíno. The meaning " well-chiselled " (Dinneen, s.v. *gartha*) appears to be no more than a bad guess.

Gal, 52.16, 54.19 (acc. sg. *goil*), sunshine, the sun's flame ; 59.6, a puff (of wind). Cf. *i ló gréine gal*, 15.21.

Gallsmacht, 55.13, foreign (English) government.

Gamhanraidh (coll.), 62.9, calves ; this and *gamhain* in the same line are suggested by the name *Mathghamhain*.

Gar, 44.11, ' gearr.'

Gasán, 44.18, a stalk, stem (of plant), branchlet.

Géagach, 50.3, branchy, wooded.

Geall : *i ngioll ar*, 52.61, through love of. *i ngeall*, c. gen., 72.6, because of, in retribution for ; 54.70, in need of.

Geimhrigh, 60.20, make gloomy (like winter).

Géiseachtach (adj.), 50.20, roaring.

Géisealtach, 50.19, swan-haunted (*géis*+*ealta*).

Giall, 54.11 (n. pl. *géill*), a hostage, captive.

Gion go, 47.29, ' cé ná.'

Gléire, 55.36, a chosen band, the best or choicest, the flower or pick.

Glonnmhar, 50.20, mighty, puissant, fierce, dauntless, ' éachtach.' From *glonn*, ' éacht.'

Goil, see *gal*.

GOIMH, 56.123, 60.26, pain, hurt, bitterness; gen. sg. *goimh* (from a nom. masc. form *gomh*), 48.4. Gr. Tr. 87, 91.

GOIMHEAMHAIL, 60.26, painful.

GRÁDH, rank, order, degree; *muintir gráidh*, 42.31, the orders of angels.

GRAIFNE, 51.42 (acc.), 54.31 (gen.), racing (of horses). Cf. *gan dál graifni dá ngredhuib*, O'Gr. Cat. 374; *graifne greagh n-óirshrianach*, IM. 1920, p. 541, §20; *graifne greagh sithe*, Studies, 1922, 410, §5. The earlier form was *grafann*, Wi. Wb.; see also Part I, and cf. *grafaind* (acc. sg.), RC. ix, 466. The form *graifne*, though originally plural, was later employed as singular.

GRÁIN, a feeling of repulsion, antipathy; in 56.116 it seems to mean contamination, infection.

GREAGH, a steed (also a stud of horses); g. pl. 51.42, 52.43, 71.10.

GRIAN (masc.), land, ground (ACL. i, 84), bottom (of the sea); *le grian do gheilchíoch*, 50.43, close to thy bright breasts (hills). Cf. *re grian a geilchnis*, ZCP. vi, 25, and Fianaigecht, 84; *re grian a chnis*, Ac. Sen., 471.

GRIANBHÁDH, 48.25, immersion in the depths. So *ghrianbháitheas* (rel. pres.), 54.19, submerges, eclipses.

GRINN, 52.7, lovely, pleasant.

GRÍOBHACH, 48.33, lit. griffin-like; here probably in some such sense as superb, majestic. Cf. *gríobhdha* in Pt. I.

GROIGH, a horse, a stud of horses; g. pl. *groigheadh*, 54.31. The older form appears to have been *graig*, gen. *grega*; whence the later doublets *groigh*, gen. *groighe*, and *greagh* (q.v.), gen. *greagha*. Gr. Tr. p. 99.

GROIGHEACH, 40.7, possessing studs of horses.

IADH, close, enclose; *fá n-iadh tonn*, 52.55, which the sea encircles. *fát ia*, 59.63, within thy enclosure; cf. the current *fé (dh)ia an tí*, within the house. *fo iadhadh a ballaidhi*, Ó Cianáin, 180.

IAIRMHÉIL, 64.10, sadness, misery. Cf. *truaighmhéil*, *aithmhéile*, *deirbhéile*.

IARG(H)NÁ, 60.28, anguish, pain. In composition with *ceas*: *iarghnáicheas*, 54.20.

IARMAIRT, 61.25, 32, posterity. Also consequence, Dán Dé, 49, §42. Cf. meanings of *sliucht*.

IARMHAR, a remnant; *nár bh' iarmhar cré*, 64.30, who were cast in no mean mould.

IARMHÓ, 54.96, a great-grandson; from *iarmh-*(=*iar*) + *ua*. Sc *iarogha*. With the text compare the last line of Eoch. Ó Heódhusa's " Fuar liom an adhaigh-se d'Aodh " (A.D. 1600), viz. *críoch gan oighir gan iarmhua* (Studies, 1921, p. 420).

IARMHOTHÁ, 46.63, ' as so amach.' Laws.

IASGACH, (1) adj. 43.1, abounding in fish; (2) sb. coll., 43.22, fish.

IATH, 51.6, 52.11, etc., land, territory.

IL, 42.27, many, various.

IMNEADH, 50.14, etc., ' buairt aigne.'

INGHINGHÉAR, 51.42, sharp-hoofed.

INNILL (also *inill*), 52.104, safe, secure.

IOBHAR, 45.11, a yew-tree; =*iubhar*, 43.25.

IODHAN, 45.12, 60.38, 61.24, pure.

IOMCHUBHAIDH, 52.108, fitting, meet.

IOMLAOID, 50.58, a change, exchange. Cf. *t'imlaoid anma*, O'Gr. Cat. 402; TD. 162, 163; Studies, 1918, 616; *do dhénaind imlaid riut*, Bran, p. 70 (l. 3). In ITS. xxiv, pp. 14, 18, *iomlaoid* appears to mean an error, a mishap. There is a by-form *iomlúid*, Gr. Tr. l. 610. Sc. *iomlaid*, exchange. See next word.

IOMLAT: *nách éidigh iomlat*, 51.36, which it would be pleasant to exchange another for; *ag iomlat mh'éadaigh*, 62.26, changing or removing my clothes. Many examples might be quoted of this word, which is very common in the literature. Its fundamental idea is that of change; hence it means a moving (changing the position of), transport, turning round, wielding or plying (a weapon), exchanging, requital (Part I), an alteration for the worse, a vicissitude, turn of ill-fortune. Cf. the derivative *iomlatach*, giddy, in use in Donegal. See *iomlaoid*, which seems to be only another form of the word; and compare the various meanings of *claochlóim*.

IOMRÁDH, 43.3, 45.6, 51.47, to recall to mind; 55.30, fame.

IONCHAIBH, dat. pl. of *eineach*; *ar i.*, 47.20, under the protection of, dependent (for one's life) on.

IONGNADH, adj., 42.11, strange.

IONNRAMH, 62.28, direction, guidance.

IONGHAIRE, 52.98, a tending, watching, guarding.

IOSTADH, 57.6, a mansion, a court.

IOTH, 55.67, corn.

IRIS, 52.67, rule of life, piety (?).

ISTEACH: *teacht i.*, 54.85, to come to pass, be fulfilled (of a prophecy). A common phrase. Compare *a lá isteach ar dtoighiocht*, the fulfilment of his life's span, O'G. Cat. 381; *mórán do neithibh atá a láthair anois agus le teacht asteach*, Tór. Chríosta, 197; *sul tarcca an bliaghain dia a toigh*, before a year passes, Ériu, iv, 51, l. 10. Also in Scottish, e.g. *thig e teach*, it will come to pass, Trans. Gaelic Soc. Inverness, xxiv, 365 (q.v. for variant forms).

ITCHE, 61.35, 105, a request, boon.

IUCHRACH (adj.), 43.24, spawning.

IUCHRAIDH (coll.), 61.14, spawn, roe (of fish).

IÚL, 48.14, 52.103-4, 75.6, a course, course of action, right route.

LACHT, 64.79, ' bainne.'

LADRANN, 66.2, ' robálaí.'

LÁITHREACH, a ruinous or deserted house. In 61 (ll. 21, 34, 49) the poet applies the word figuratively to his bereaved condition after the death of his only son. With 61.34 cf. *a láithrech lis*, Ériu i, 16; *láithrighe leas*, Gr. Tr. 1420. A variant is *láthrach*, 56.8; both forms are recognized in Gr. Tr., p. 109. *isin lāthrach-sa*, in this ruin, RC. ix, 458.

LÁMH: *l. ar th'aigneadh*, 60.1, restrain your emotions, control your feelings (of grief).

LÁNMHAR, 41.3*, proud (?). Cf. Pt. I.

LANN, 57.36, a blade, sword.

LANNACH, 41.11*, abounding in swords (warriors).

LAOIDHEADH, 62.20, inciting, urging on. CCath.; Gadelica, i, 201.

LÁTHAR, strength, ITS. vi, 219; vii, 16, §25; xii, 132. *láthar* mo chosgair*, 78.18, the violence of my struggle (?).

LÁTHRACH, see *láithreach*.

LÉ, 59.30, v.n. of *léim*, I read (older *léaghaim*, v.n. *léaghadh*).

LEACHT, a pile of stones or similar monument over a grave (cf. *carn cloch do chur ós a chionn d'a ngoirthí leacht*, TBg. 161); *tugadh do l.*, 56.9, thy cairn has been raised.

LÉARA, 74.27 (gen. sg.), prob.=*léire*, diligence, thoroughness.

LEARG, 50.3, 51; 51.24, 40, a slope, hillside, expanse.

LEARGSHRUTH, 56.100, a wide stream.

LÉIBHEANN, a platform (made of things pieced together); fig. applied to the expanse of the sea (Fél. Óeng.; SG. i, 344), and here, 45.4*, 10, to an island in the sea. Welsh *llwyfan*, platform, etc.

LÉIRSMAOINE, 59.3, " consideration, reflexion " (O'Brien).

LING, 48.27, 70.7, spring, leap; transitively, 78.11, assail, take by storm. Cf. *lingfed in cladh*, I will rush the rampart, ITS. vii, 17, §9; *lingios berna*, " that carries battle's gap by storm," O'Gr. Cat. 510; *do lingeadar an lios ar Choinrí*, FF. ii, 3520 (mistranslated).

LINN TÁITH, 61.62, a cementing agency (?). Cf. *is é linn* (var. *lionn*) *táith ar dtíre*, IM. 1924, p. 590 (§41); *lionn-táthaidh*, a healing or repairing fluid, H.C. Gillies, Gaelic Names of Diseases, p. 33.

LIOBHRA, 58.42, = *leabhra*, from *leabhair*, long. Cf. *is an ló leabhair*, IM. 1921, p. 290 (§25).

LIONNMHAR, 42.18, watery.

LOBHAR, 59.15, a sick or infirm person, a leper.

LÓGH, 61.108, price, payment.

LOILGHEACH, 45.21, a milch-cow. Otherwise *lulghach*, 43.26 (gen. pl.).

LOISE: *l. an tsaoghail*, 50.18, worldly wealth or enjoyment. TBg.; *gearr bhus lón loise an domhain*, Dán Dé, 40. §9.

LOS: *ar los*, 51.30, on account of, as a result of. Usually *a los*.

LUA AR, 59.3, pondering on (?).

LUAIL, 59.73, a stirring, activity (<*luadhaill*).

LUAMH, 59.61, abbot or prior (O'Brien).

LUCHAIR, 42.6 (*ós lear l.*), shining, bright, cheerful. Cf. Ac. Sen., L. gCeart 144x, and ACL. i, 87, for the adjectival use of the word. The reading of the Edinb. MS., *uas lir luchair*, might also stand if we take *luchair* as a noun and *lir* as its dependent genitive preceding. Cf. *luchair egha*, TBC. p. 756*n*., and *luchair .i. taitnem*, ACL. i, 59.

LUINNE: *ro badh l. leam*, 73.5, 'do b'fhearr lium.' Compar. of *luinn*, Mid. Ir. *laind*, eager, glad.

LULGHACH, see *loilgheach*.

MAICNE, 49.20, kindred.

MAOITH, 49.9, 51.33, 52.15, 54.15, sadness, melancholy.

MAON, 59.9, "mute, dumb" (O'Brien, from Lhuyd).

MÁR, 42.19, = *mór*.

MATHIM, 66.63, I forgive. The sense of this line is not clear; should we read *umá* for *muna*, i.e. on account of what happened?

MEABHLACH, 77.10, treacherous.

MEADH, 56.33, an equivalent to.

MEALL, a lump, a round mass; *meall dearmaid*, 55.41, applied to an inexcusable act of forgetfulness.

MEALLACH, 42.6, 'aoibhinn,' pleasant, enjoyable.

MEANMA, (1) courage, good spirits, 54.15, 56.41; *méadaigh m.*, 60.9, be of good cheer. (2) spirit (of one absent or dead), 56.62.

MEAR, vb., 57.29, perplex, trouble. Cf. *mac Réamuinn . . . do mhear mise*, DBr. ii, 210; *do mher a hāille mh'inntind*, Ériu, iv, 55; *do mhear a sgís re seal sinn*, Celt. Misc. 370.

MÉIRLEACH, 66.34, 'gadaí.'

MEIRTNEACH, 54.15, dejected, faint-hearted.

MÍN, 43.26, may be either an adj., smooth, followed by gen., or a noun, a smooth, grassy place. Cf., in the latter sense, *mín na Midhe*, Top. P.' 124, and Joyce's Names of Places, ii, 400. In 56.104 applied substantively to a smooth castle.

MÍOCHOTHRAM, 64.96, discomfort, hardship, misfortune.

MÍOLACH, adj., 41.12, where wild animals have their haunts.

MÍOLLA, 43.11, 'míonla,' gentle.

MÍONAOLLA, 56.66, =*mín*+*aolta*.

MÍRÉIR, opposition, insubordination; *re bhfuil mo mh.*, 76.5, with which I am dissatisfied.

MO-CHEAN, 44.30, etc., welcome, a fond greeting to.

MOCHTHRÁTH, 46.65, 'ar maidin.'

MOIGHEACH, 56.51 (d. s. f. *moighigh*), plain-like, from *magh* (?). Cf. Sc. *maigheach*, a hare, from *míol muighe*.

MOIRN, 56.55, high spirits, conviviality, merry-making. Otherwise *muirn*, affection, 72.10.

MONAIR, 61.59, work, exertion.

MÓNANN, 45.11, a bogberry. See Part I.

MONGACH, 41.12, 44.20, covered with thicket.

MONGHAR, 50.37, din, roaring (of the sea). Cf. *mongar in mórmara*, CCath. 4331.

MÓR, 51.58, 'mórán.'

MUIN: *do chuir mo chéill ar mo mhuin*, 57.30, has deprived me of my senses, has rendered me distraught with grief. Cf. *do chuir sin mo chiall ar gcúl*, 71.8; *céadfadh dá chur ar gcúl*, IM. 1921, 244, §11.

MUINCHEANN, 50.5, expanse of surface (of the sea). CCath. gloss.; S. Rann, 3987. The word appears also to mean a summit or ridge; thus *co muinchinn Sleibe Fuaid*, ITS. xii, 44; *tar muinchind an tslebhe*, B. A. Ruaidh, 94; *do muincin[n] Slebe Mis*, FM. p. 1730. Cf. *dromchla*.

MUIRNEACH, 79.17, high-spirited, proud. From *muirn* or *moirn* (q.v.).

MÚR, 56.12, 66, a wall; 56.59, 57.6, 59.41, a mansion, hall; 48.11, habitation, resort, retreat.

MÚR, vb., 56.5, raze.

MURBHACH, 45.22, a level plain extending along the sea (O'Don. Spt.). Frequent in place-names as *Murbhach* (*-rúch*) and *Muirbheach* (*-ríoch*).

NÁCH, 46.64, 'ná,' nor.

NÁIRE, 46.30, honour.

NAOIDHE, 45.10, new, fresh, bright.

NAR, 61.98, = 'ar' (interrogative), < *an* + *ro*.

NEACHRÍOCH: *ar neachrích*, 64.48, unsettled in life, my life ruined (through my children's untimely end).

NEAMHDHAIDHE, 50.38, heavenly, delightful, ravishing, =*neamhdha*, 60.25. Cf. the use of *ainglidhe* in 52, ll. 37, 55, 90.

NEAMHFHOIRFE, 52.96, imperfect, faulty, unholy.

NEAMHLÚDH, =*neamh-* (neg. prefix) + *lúdh*, a by-form of *lúth*; g. s. *neamhlúdha*, 60.2, languorous, soft (of the eyes).

NEIMHTHNÍ (better *neifní*), 56.39, 'neamhní,' nothingness, extinction.

NO, introducing a relative clause (as in O. Ir.) in the phrase *rún no ráidhim*, a secret which I tell, 42.23, 46.67.

NÓ NO, 56.34, or else. The second *no* represents an older *d(a)no* (R.I.A. Dict., col. 92).

NOCHA(N), 46.63, etc., not, never.

NÓSMHAR, 57.34, cultivated, refined, elegant.

NÚS, 61.54, freshness, youth.

OGH, =*obh*, egg; dat. sg. *uigh*, 61.14. Gr. Tr., pp. 81, 91.

ÓGHDHA, 49.51, virginal.

OIBHNEACH (< *aibhneach*), 45.23, having many rivers.

ÓIDH, attention, intention; *tug ar mh'óidh* etc., 51.11, has made me decide to leave thy shores.

OIGHE, 43.11, 54.27, g. sg. and n. pl. of *agh*, a hind.

OILCHÉIM, 55.64, a discreditable event.

OIMCHINN, 61.44, (?).

OIRCHEAS, 61.98, meet, fitting.

OIREACHAS, headship; *port oireachais*, 56.20, chief seat, capital, headquarters. So Tara is *imliocán ⁊ port oireachais* (sic leg.) *Éireann*, Deargruathar Ch. Ch., 28. Cf. Des. 208; TD. ii, 188; *cathair oirechais*, "capital city" ZCP. i, 370, 388, 400.

OIREACHT, 55.61, a collective name for the leading nobles of a political community. From *aire*, nobleman.

OIREAR, 49.12, 52.41, 57, 54.32, 35, coast, district, country.

OIRFIDEADH, 50.38, melody.

ÓIRLEACH, 66.24, 60, =*éirleach*, 66.4, destroying. Mid. Ir. *airlech*.

ORCHAOIN, 56.16, very fair, fairest. Contrr. p. vii (*air-cháin*). Most MSS. read *órchaoin* here, confusing the prefix with *ór*, gold.

ORCHRA, 50.31, 54.29, 60.29, dejection, depression. Hence adjj. *orchradhach*, 50.8 (with this line cf. *orchradhach uadh a haigneadh*, Keating's Poems, 1144); and *orchraidhe*, 69.6.

ORDHAIRC, 51.8, illustrious; otherwise *ordhraic* (52.6), *oirdhreic* (49.50), *oirdheirc*.

ORGHÁNNA (<-*ánda*), organ-like ; in 56.32 used as subs.

ÓTHÁ, 46.2, from.

OTHAR, 56.106, etc., ' duine breóite.'

PÉACACH, 43.19, pointed.

POINN, 61.8, profit. Formerly common in this sense ; now *puinn*, much.

PORT, 56.75, fortress, castle ; *port Pardhais*, 52.64, ' flathis Dé ' ; *port na bpian*, 77.8, ' ifreann.' See also s.v. *oireachas*.

PRÍMHÉARLAMH, 54.88, a leading patron-saint.

PRUINNTEACH, 59.57, refectory.

PÚDARLACH, 74.18, a morose person. Cf. DBr. i, 72 ; Búrdúin, p. 69 (where a wrong explanation is given) ; *púdarlach crunca*, applied to an old man, Eón Rua. The word is still in use in W. Muskerry.

PUDHAIR, 52.28, hurt, vexation, tribulation.

PÚNCACH, 43.28, punctilious (?).

RÁITH, a fort, a dwelling ; *ráith na ndíog*, 61.65, i.e. in the stable in Bethlehem.

RÁMHAIDH, an oarsman, 57.23 (gen. pl. *-adh*).

RANN, division ; *Rí na rann*, 48.37, Lord of the Universe. In this phrase *rann* represents an older *reann*, gen. pl. of *reann* (O. I. *rind*), a star.

RAON, 52.93, 53.6, etc., a way, course.

RÉALAIM, 42.28, I make manifest, declare.

RÉGHIÓN, 80.3, =*régiún*, region, territory.

RÉIMIM, 42.22, old dat. sg. of *réim*, course.

RIA, old 3 sg. pres. subj. of *roichim*, I reach, come ; *go ria*, 47.19, ' go dtí ' ; *riacht* (v. l. *ruacht*), 3 sg. past indic., 56.93.

RIAGHAIL, 54.24, 25, law, decrees.

RÍCHEADH, 61.97, heaven.

RINN, point, etc. ; 50.29, glance.

RÍONNGHLAN, 42.9, bright-edged, from *rinn*, a point, headland, brink (Thebaid). Cf. *a phuirt ghil fán rionnghlan rosg*, IM. 1920, 539.

RÓ : *gan ró céille*, 66.52, ' gan puinn céille.'

RÓMH, RÓIMH, 47.24, 51.20, 56.36, 67, 57.34, a (monastic) centre, a pile of buildings whether monastic or otherwise, a place of pilgrimage or resort. A secondary use of the place-name *Ró(i)mh*, Rome.

ROTHOL, 60.40, 63.15, from *ro-* (later *ró-*), and *tol*, affection, love.

RUINN* : *do r. ruaga*, 41.8, in flight (?) ; *ruinn* for *rinn*?

SÁDHAILE, 70.18, ease, sloth.

SÁILÍN SEIRE, 66.69, a bitter ending. Cf. *is follus go dtig do'n pheacadh sáilín seire searbhais do bheith 'n-a leanmhain*, TBg. (ed. Atk.), 263.

SAL, 72.20, a stain.

SAOBHNÓS, 76.23, folly, thoughtlessness.

SAOR : *an S.*, 65.21, the Creator.

SAOTH, 46.47, 51.21, ' olc.'

SÉAGHAINN, 51.12, a common epithet of praise in the literature ; its exact meaning is undetermined, but probably it means pleasant, courteous, charming, attractive. Similarly *séaghann*, sb., 65.46. Cf. Pokorny, RC. xxxiii, 66, who suggests a derivation from Lat. *secundus*.

SÉITREACH, 43.17, powerful, sturdy.

SEÓL, 42.8, course, motion ; *seól go subha*, 42.12, a pleasing sound.

SGÁTH : *ar do sgáth*, 65.9, ' ar do shon.'

SGATHAMH : *i s. na storm*, 48.22, ' i n-aimsir stuirmiúil.'

SGEITH, 50.27, vomiting ; here applied to the dashing of the waves. The *e* is short ; cf. *ag sgeith* (*: deich*) *m'fhiabhrasa as m'inntinn*, Studies, 1918, 454.

SGORACH, 45.14, abounding in studs of horses.

SGRÍOB, 66.14, an attack, onset, rush, raid.

SGRÚDAIN, 42.41, meditating, pondering on.

SIABHRADH, 62.22, a phantom shape.

SIABHRAIM, 60.19, I become ghastly, wither away, become shrivelled (e.g. through grief).

SIDHEANG, 44.15, venison. Sc. *sithionn*.

SÍOLADH, 76.31, springing (from).

SÍONA SAOBHA, unnatural weather, especially as portending the end of the world ; hence, 55.39, portents of ruin or of the end of all things. Cf. a quatrain by Maghnus Ó Domhnaill, quoted in Dánfhocail, p. 78, the first line of which should doubtless read *Is cuid do na sionaibh saobha*. Cf. further *tiocfaid na síona saobha* | *nach aimseara iontaobha*, referring to the signs preceding the day of Judgment (cf. Matt. xxiv, 29), GJ. 103, p. 307, §7. In the sense of exceptional (very bad) weather : *tria anmessair na hainfine* ⁊ *trias-na sínaib saebu*, PH. 4241 ; *naomhtha na síona saobha*, | *naomhtha an fhearthuinn abraonda*, Irisl. M. Nuadhad, 1910-11, p. 76 ; *saobhadh na síon*, Dán Dé, 65, §12.

SÍTHIGH, 48.5, ' ciúnaig.'

SLÉACHTAIN, 42.35, bowing down in adoration (*ar*, to).

SLIM, 56.59, smooth, unruffled. Compounds : *aoilshlim*, 56.72 ; *sliomdhonn*, 43.21.

SLIOCHT, 74.7, imprint.

SLUAGH : *lá na S.*, 65.25, the Judgment-day.

SMÁILC, 66.59 (v.l. *smál*), fault, transgression.

SMÉIRLE, 66.16, a low-born fellow, a rascal.

SMUTACH, 43.21, snub-nosed, flat-snouted.

SOCRACH, 43.23, tranquil, unruffled.

SOCAMHAL, 52.52, 'cumpórd, socracht, sáimhe.'

SOICH, 'srois'; *ón gcionn go soich ar-oile*, 43.8, 'ón gceann go chéile, ó cheann ceann de.'

SOIDHE, 54.28, gen. sg. of *sadh*, 'cú bhuineann.'

SÓIDHNE, 76.26 (MSS. *sóighne*, *fóighe*, etc.), pleasure, delight. Cf. *sóidnge*, "comfort," B. Colmáin, 22; d. pl. *sóghnidhibh*, Sg. Chúige Mumhan, 84. Cf. also *sóighneas* in *lucht suirghe ⁊ soighneasa*, Eoch.-Sgiath, 81. *Sóidhne* seems to be a singulative from *sódh*, good cheer.

SÓIL (< *sódhamhail*), 59.48, pleasant, cheerful, comfortable.

SOIL(I)BH, 59.28, opposite of *doilibh* or *duilbh*, q.v.

SOLADH, 61.27, profit, gain, 'sochar.'

SONNA, 56.93, 'annso.' Otherwise *sunn*, 59.29.

STUA(GH), 58.49, "a pinnacle; also the end of a house" (O'Brien); fig. applied to what is stately or majestic, e.g. 48.20 (to a ship), 69.16 (to a prince).

SUAINLIOS, 59.58, poetic for *dortúr*, dormitory.

SUAITHNIDH, 56.131, distinguished, remarkable, illustrious.

SÚGH, juice; *súgh caor*, 58.23, 'fíon.'

SÚLMHALL, 69.8, soft-eyed.

SUTHAIN, 42.8, 61.81, perpetual, unending.

TACHAIR, 74.6, encounter, collide with, oppose.

TACHAR, 48.21, a fray, encounter. Ac. Sen.; Thebaid. Sc. *tachairt*, a meeting.

TAIBHLE, 56.5, battlements. The MSS. here spell it *taidhbhle*; cf. a similar misspelling, *taidhbli*, ZCP. i, 398. Cf. *for taiblibh tiugharda an trendúnaidh*, B. A. Ruaidh, 130.

TAIDHBHSEACH, 48.18, impressive to view, imposing, big; spelled *taibhseach* (with MS.), 74.7.

TAIDHEÓRACH, 46.54, tearful, mournful. Usually *taidhiúir*.

TÁIR, 56.129, 3 sg. pres. subj. and fut. from the root *to-air-icc*, come. In 58.32 *táir* (as often) = will come to an end. Similarly 3 sg. past, *tairnig*, 56.9, has come to an end.

1. TAISE, image, simulacrum, remains (of something ruined or dead). Cf. *taise*='dealbh,' A. Ó Dálaigh, p. 65, §33; Búrdúin Bheaga; *ní mhair dhíbh trá acht a dtaise*, TD. p. 2, l. 25. *an té thug thú in bhar·dtaisibh*, 56.101, he who has laid thee in ruins. In *ós taisibh*

bhar bhfuinneóg, 56.21, Petrie translates *taisibh* by "mouldings," but clearly the word means nothing more than remains or remnants.

2. TAISE, 54.13, feebleness; 66.23, tenderness.

TAN, 44.11. time.

TÁRAINN, 45.2, dat. sg. of *tórann* or *tárann*, = 'teóra.' Gr. Tr. l. 601.

THÁRBHAIDH*, 57.15, showed, appeared. Cf. Mid. Ir. *tarfaid*, PH; O.I. *do-árbuid*, Pedersen, Vergl. Gramm., ii, 519.

TÁRRAIDH, 56.2, got, obtained. Pedersen, ii, 598. Sc. *táir*, get, obtain. A present *tárraim* is seen in *tárraim dá gach rígh roineart*, Studies, 1924, p. 242.

TÉACHT, 61.38, freeze, solidify. Cf. *do ní Dia téachtadh na dtonn*, Dán Dé, 65.

TEARMANN, 59.59, sacred precincts, sanctuary; here chapel.

TÉARNÚDH, 56.122, recovering (in health), convalescing.

TEIDHM, 56.110, a malady, attack of illness; 54.71, 56.78, an affliction, visitation; pl. *teadhma*, 55.38, anguish.

TÉIGHIM (sc. *i n-éag*), 65.20, 'faghaim bás.' So *dul*, 'bás,' 60.12, 61.101.

TIGIM: *muna dtí ann d'Éireannchaibh*, 54.56, unless Irishmen succeed (in preventing it). Cf., in current Irish, *ní raibh ann dóibh*, they failed to do so, their efforts were in vain, Fionn agus Lorcán, 32.

TÍOS, 59.40, a dwelling, house. From Mid. Ir. *tigedas*, but with meaning of Mid. Ir. *tegdais*.

TIRMLINNTE, 52.3, with dried-up lakes (?).

TIRMRÍOGHA, 56.63, dry and royal, i.e. well-roofed and stately.

1. TOCHT, 49.10, 52.29, 63, to go, 'dol.'

2. TOCHT, 56.56, stillness, trance.

TOGHAIL, 56.79, destruction.

TOIDHEACHT, 55.62, 73.7, 'teacht.'

TOIRBHEART, 64.62, mental powers, intelligence. Cf. *oirbheart* in *biaidh bhar dtreóir agus bhar n-oirbheart agaibh*, O. C. Lir; *nó go dtiocfadh aois ⁊ oirbheart duit*, E. Lomnochtáin, 6.

TOIRINN, 70.5, descend.

TOISG, 46.47, 55.11, 'turas.'

TOMGHLAN, 41.9, fair-knolled. From *tom*, a hillock, + *glan*.

TOR, 56, ll. 5, 63, 79, tower. Compound, *tiormthor*, 56.99. Cf. later *túr* with same meaning, 54.34, 59.34.

TÓRAIMHE, 54.8, a funeral cortege. Other forms of the word are *tóramh*, *tóramha* (Gr. Tr. pp. 39, 45, 80); it is also spelled with *rr* for *r*.

TORM, 42.13, noise, sound. Otherwise *toirm, tairm* (Part I).

TRÁ, THRÁ, 50.54, 56.122, 60.5, 27, verily, in sooth; but it is hardly translateable into English, and in verse is often little more than a metrical expedient.

TRÁCHT, 42.9, 'tráig,' beach.

TREABH, sb., 48.12, 51.31, abode, home. As vb., plough; but *treabh le*, 52.69, devote oneself to. Compare the current *cluím le*, I stick to, devote myself to, lit. I dig with, where *cluím* represents Mid. Ir. *cladim.*

TREABHAIRE, 67.6, crops, farm-produce.

TREAGHD, 50.9, pierce, transfix, (fig.) torture, wring.

TREAS, 58.2, 'greas.' Cf. Gr. Tr. p. 91; Mac. Iolair, pp. 5, 13, 37; *treas ólacháin*, "a fuddling bout," Begly, 240b; *do sheinm tressi*, "to play for a while," Lis. Lives, xiii; *mar thugas threis nguil | ac techt os taisibh Donnchaidh*, Gr. Tr. l. 1071; *tuc se tres mor admolta ar G.*, B. Col. 282.

TRÉITHE, 76.12, feebleness.

TRIALL, aim, set to, etc.; *dár dtriall*, 60.39, may (he) direct us.

TRILIS, 69.4, a head of hair; in 50.47 figuratively applied to the surface of the country. So *trillseach*, 51.3 (adj. used as noun), is applied to Ireland as a land covered with vegetation or with woods. Cf. *clúimh*, supra, and *mong* in Part I.

TROMOIRE, 52.100, 'ualach trom.'

TUAR, 50.31, 57.1, omen, cause.

TUILLEAMH BUIDHE RE, 72.9, paying court to, seeking the favour of.

TURA, 48.18, breadth. For. Feasa, ii, 4751. But it is just possible that *tura* in our text refers to the vessel's hold; cf. *i dturradh fá líg*, Seán na R., 7.

THUASÓD, 49.38, up there (i.e. in Ireland).

UAIGH, vb., 56.32, sew, join, bind together.

UAISTE, 52.4, over it (fem.).

UALLCHA, 44.27, comp. of *uallach*, proud, gallant, gay.

UCHT, (1) lap, bosom; *im ucht*, 50.27 (but the phrase may be no more than a variation of *ar mh'aghaidh*, 50.24). (2) an eminence, a cliff, 42.1, 52.21 (acc. pl. *ochta*).

UGHACH, 45.8, 13, abounding in eggs, = *oghach*, from *ogh*, now *obh* (*ubh*), an egg.

UILLE, an elbow, corner; in 50.35 (g. pl. *uilleadh*) probably hillside, brae.

ULCA, 42.27, 56.81, acc. pl. of *olc*.

USA, 78.15, 'furaiste,' easy. PH. 1005.

PERSONAL NAMES

ÁBEL, 66.6, Abel.

ÁDHAMH, Adam ; *clann Ádhaimh*, 66.71, the human race.

ALAXANDAR, 79.2, Alexander the Great (356-323, B.C.), son of Philip (79.14).

AODH MAC AODHA, 56.65, Aodh Dubh Ó Domhnaill, who succeeded his father, Aodh Ruadh, as prince of Tír-chonaill in 1505, and died in 1537.

AODH RUADH [Ó Domhnaill] : (1) 56.70, became prince of Tír-chonaill in 1461 ; died in 1505. (2) 56.134, the famous " Hugh Roe " of the late sixteenth century ; born about 1572 ; died, poisoned, in Spain in 1602.

BALAR, 54.57, Balar Bailcbhéimneach, one of the legendary Fomorian oppressors of the Tuatha-dé-danann. He had a maleficent eye (cf. 55.65), the lid of which was never raised except in order to blast his enemies in battle. He was slain in the battle of northern Magh Tuireadh by Lugh Lámhfhada (RC. xii, 100).

BLOD, 55.42, son of Cas (*q.v.*) and ancestor of the O'Briens and other Thomond families.

Ó BRIAIN, 69.14 ; the reference is to Donnchadh Cairbreach, *q.v.*

CARTHACH, King of Cashel,†1045, ancestor of the MacCarthys (*Clann Charthaigh*, 55.37).

CAS, otherwise Mac Táil, reputed ancestor of most of the Thomond families (hence called *Dáil gCais*, or *Clann Táil*) ; *ua Cais*, 69.17 and 20, = Ó Briain.

CATHAL CROIBHDHEARG, 69.28 ; see Notes to poem.

Ó CEALLAIGH, 55.60, ruler of Í Maine, in Galway and Roscommon.

Ó CEARBHAILL, 55.60, ruler of the S.W. portion of King's Co.

CIAN, see *Lugh*.

COBHTHACH : *clann Chobhthaigh*, 56.108, the Irish people (here, more particularly, the people of Tír-chonaill). Cf. *críoch Chobhthaigh*, a name for Ireland, ITS. xx, 144 (§69).

COLUM, 54.88, St. Columcille (†597). In the text *Coluim* is gen. of opposition.

CONALL, 55.29, 56.30, 58, Conall Gulban, son of Niall Naoighiallach, and ancestor of the principal families of Tír-chonaill. In 46.19 *Conall* means the descendants of Conall Gulban.

CONALLAIGH, 56.134, 'muintir Thír-chonaill.'

CONCHOBHAR: *síol gConchobhair*, 55.49, the O'Connors of Connacht.

CONN: *Uí Chuinn*, 54.87, the descendants of Conn Céadchathach, here used to signify the Irish people.

CÚL RE HÉIRINN, 42.24, 46.69, "Back turned on Ireland," the name which Columcille gave himself in his exile.

DÁLACH, 56.84, 127, ancestor of the O'Donnells.

Ó DÁLAIGH, TADHG, 52.65; the reference is to poem 49, *q.v.*

DALL, 65.12, 75.22, the Irish designation of the Roman soldier who pierced our Lord's side with his lance. ITS. xi, 24*n*.

Ó DOMHNAILL, MAGHNUS, 56.62, prince of Tír-chonaill, son of Aodh Dubh, and grandfather of Aodh Ruadh; †1563.

DÓNALL, 66.25, the prophet Daniel. The poet is here borrowing from Keating's Trí Biorghaoithe, p. 1.

DONNCHADH CAIRBREACH [Ó Briain], 69.22, prince of Thomond from about 1208 to his death in 1242.

DUACH GALACH, son of Brian, son of Eochaidh Muighmheadhóin; a contemporary of St. Patrick's; ancestor of the families of Ó Conchobhair (of Connacht), Mac Diarmada, Ó Ruairc and Ó Raghallaigh. It is uncertain who is referred to in *ua Duach Ghalaigh* quoted in the notes to 45. See also Part I.

UA DUINN, 41.17,* Diarmaid ua Duibhne, otherwise Diarmaid ua (Ó) Duinn. The latter, which is the popular form of the hero's name, is as old as the fourteenth century, being used by Gearóid Iarla. (In earlier tradition Donn was the name of Diarmaid's father; thus he is called *Diermait mac Duinn i Duipni*, RC. xi, 129, and *Diarmaid mac Duinn*, ITS. vii, 62, also 45.)[1] The Hill of Howth is associated with the elopement of Diarmaid and Gráinne in the tenth-century tale, 'Úath Beinne Étair' (RC. xi, 125 sq.), although the place is not alluded to in the later 'Tóraidheacht Dhiarmada is Ghráinne.'

---

[1] In another poem in Duan. Finn (ITS. vii, 17) *Diarmaid ó Duinn* and *Diarmaid ó Duibhne* are used indifferently. He is called Diarmaid Donn in Ac. Sen., ll. 1529, 3519. In Rawl. B. 502, p. 121 a 32, the name of Diarmaid's father is given as Dubh (Meyer, Fianaigecht, p. xxiv, *n.*). A possible source (or perhaps result) of confusion is seen in the name of another member of the Fian, viz. Diarmaid mac Duinn meic Donnchadha, of the Erna of Munster, of whom very little seems to be known (Ac. Sen., ll. 206, 3029).

EACHTAR MAC PRÍMH, 54.74, Hector, son of Priam.

ÉANNA, 47.23, St. Enda of Aran.

ÉAVA, 72.25, Eve.

ÉIBHEAR SGOT, one of the imaginary ancestors of the Irish people; see FF. ii, 26.

EÓGHAN, 55.31, son of Niall Naoighiallach, and ancestor of the principal families of Tír-eóghain. In 43.19 *Eóghan* has the sense of " the descendants of Eóghan."

GEARALT, Gerald of Windsor, eponymous ancestor of the FitzGeralds, who are consequently referred to as *gléire Gearailt*, 55.36.

IAICHIM, 69.30, Joachim, father of the Blessed Virgin Mary.

ISRAHÉL : *Clann I.*, 54.65, the Israelites.

LUGH, 54.37, 72, Lugh Lámhfhada, king of the Tuatha-dé-danann; his father was Cian, hence he is called *mac Céin*, 54.70.

MAOISE, Moses; hence *athMhaoise*, 54.79, a second Moses.

MARTA, 52.106, Martha. The reference is to Luke, x, 42.

Ó MÓRDHA, 55.53, O'Moore, lord of *Laoighis* (Leix), which consisted of about half of Queen's Co.

MUIRE, the Blessed Virgin Mary. According to a medieval legend, St. Anne, the mother of the Blessed Virgin, was married successively to Joachim, Cleophas, and Salomas, and by each of her husbands she had a daughter named Mary. This explains the invocation of the " three Marys " (*trí Mhuire*) in 61.33.

MUIRE MHAGHDALÉAN, 52.105, St. Mary Magdalen.

MUIREADHACH, 69.1, 24, Muireadhach Albanach Ó Dálaigh, as to whom see Notes on poem.

MURCHADH : *sliocht Murchadha*, 55.53, the Kavanaghs, descended from Diarmaid Mac Murchadha, King of Leinster at the time of the Anglo-Norman invasion. The head of the family was known as Mac Murchadha Caomhánach, and was ruler of a district in Cos. Wexford, Carlow, and Wicklow.

PILIP, 79.14, Philip, King of Macedonia, father of Alexander the Great.

PLÁTO, 63.24, Plato, the Greek philosopher (†347 B.C.).

RÓIGH, 57.6, 35; see Notes to poem.

Ó RUAIRC, 55.45, O'Rourke, lord of Bréifne Í Ruairc, the present co. Leitrim.

MÁG UIDHIR, 55.45, Maguire, lord of Fermanagh.

PLACE NAMES

It will suffice to call the reader's attention here to the variety of poetic names for Ireland. These fall principally into two classes. (1) Ireland is called ' the island (or land, dwelling-place, etc.) of Conn ' or of some other legendary or historical Irish king. To this class belong the following names occurring in poems 50-55 :—*inis na nArt*, *treabh Bhriain*, *treabh Chonnla*, *cathchró Criomhthainn*, *inis Criomhthainn*, *cathaoirlios Cuinn*, *inis Chuinn*, *arthrach Dhá Thí*, *inis Fhéilim*, *críoch Laoghaire*, *inis Logha*, *críoch ríNéill*, *ráth ríNéill*, *treabh na Niall*, *iath Úghoine*. (2) The name of some place or district well-known in Irish legend (especially *Breagha*, since it included Tara) is used for the whole country, or rather Ireland is called the island (or land, etc.) of such a place or district, e.g. *tulach Bhreagh* in 50, and *tír Bhreagh*, *inis Bhreagh*, *críoch Bhreagh*, *críoch Ghabhra* and *learg Tailltean* in 51. Other poetic names for Ireland are *Fiadh Fuinidh* (i.e. the western land), *Iath Fuinidh*, and *Inis Fáil* in 52 ; and *Fódla*, *Banbha*, and *an Gealghort* in 55. See further on this subject Miss E. Knott, ITS. xxii, lvii sq.

The Scottish place-names (mostly unidentified) which occur in 44 are not included here.

ÁRA, 47.1 etc., the island of Aranmore.

BAOI, 48.44, otherwise *Baoi Bhéirre* (*Baoi Bhéara*), Dursey Island, off the Beare peninsula.

BEANN ÉADAIR, 41.1, 16, the hill of Howth.

BÉARA, 55.57, the peninsula of Beare in S. W. Cork, formerly ruled by a branch of the family of Ó Súilleabháin. Earlier *Béirre*.

BÓINN, 54.67, 56.35, the Boyne. The *braoinlios* referred to is Brugh na Bóinne, otherwise called *an Brugh Braonach* (cf. Ac. Sen. 745, etc.), near Stackallan, where the Tuatha-dé-danann divinity, Aonghus, son of the Daghdha, was supposed to dwell in a subterranean palace.

CRUACHAIN, 56.34, Croghan, in the north of co. Roscommon, the ancient residence of the Kings of Connacht.

CRUINNE, 48.44 (*na C.*, gen.), Corunna, in Spain. In English formerly known as " the Groyne "

DOIRE, 46.5 etc., Derry.

EADÁIL, 52.6, 55.11, Italy.

EAMHAIN, 56.16, 33, otherwise *Eamhain Mhacha*, the fortress of the early Kings of Ulidia, near Armagh.

ÉIGHIPT, 54.66, Egypt.

FORGHAS, 69.18, the River Fergus, in Co. Clare.

FRAINC, 52.9, France.

GLAIS ÁIR, 58.1 ; see Notes to poem.

GLEANN NA SUAN, 43 (Notes).

GRÉAG, 79.4 (dat. *Gréig*), Greece.

Í, 46.65, 47.22, Iona.

IASGACH, 56.80, the River Eask, flowing from Lough Eask into the sea at Donegal town.

LIGHE, 54.21 (gen. *Lighean*), a river near Raphoe in east of Co. Donegal, probably the Swilly Burn (a tributary of the Foyle). Cf. *Druim Lighean* and *Cruachán Lighean*, both in the parish of Clonleigh, in the Lifford-Raphoe district (cf. TD. ii, 209). Cf. also *slógh lionn-adhbha Lighean*, applied to the men of Tírchonaill, IM. 1921, p. 373 (§8), and *flaith Lighean*, applied to Ó Domhnaill, ibid., p. 420 (§13).

LOCH FEABHAIL, 46.18, Lough Foyle.

MAGH TUIREADH THUAIDH, 54.69, Moytirra, near Lough Arrow, in the S.E. of Co. Sligo, where the Tuatha-dé-danann defeated the Fomhóraigh and Balar was slain by Lugh.

MÁIGH, 55.35, the River Maigue, co. Limerick.

MÉINNE, 55.35, Mayne, co. Limerick, between Newcastle and Dromcolliher. Cf. *Iarla na Seanaide*, *Callainne is Méine*, and *Gearaltaig Laighean is Gearaltaig Méine* in S. Ó Conaill's Tuireamh na hÉireann. "Pardon to Thomas Desmond alias Fitzgerald, of Meyn, co. Limerick, knt.," 1573 (Fiants Eliz. 2274). I am not certain of the form of the nom. of the name ; it is spelled *Méin* in DBr. i, 162, where, however, *Méine* or *Méinne* would suit the metre equally well. Possibly the name is of Norman origin, viz. Mid. Eng. *meine* (*meynee*, etc.), a family, household, body of retainers ; but Ir. *méin*(*n*) mine, seems more probable.

MONADH, the name of one or more mountain-ranges in Scotland (cf. *Dún Monaidh*, which Carswell identified with Edinburgh) ; hence *slógh Monaidh*, 47.19, apparently = 'fir Alban.'

MÚR TÉ, a poetic name for *Teamhair* (Tara) ; hence in 48.10 applied to Ireland generally.

OIL FINN, 71.1, Elphin, co. Roscommon.

RÓIMH, 52.6, Rome.

SEANAID, 55.34 (where the MSS. spell *-nn-*), Shanid, co. Limerick, in the Earldom of Desmond

SGITHIA, 54.94, Scythia.

SLIABH SÍÓIN, 65.25, Mount Sion (or Zion), the holy hill of ancient Jerusalem, thought to be the place appointed for the General Judgment.

SPÁIN(N), 48.44, 52.7, 57.14, Spain.

TAILTE, Teltown, between Navan and Kells, co. Meath; but in 54.63 it typifies Ireland or the hereditary possessions of Irish rulers. So *learg Thail(l)tean*, 51.24, denotes Ireland.

TEAMHAIR, Tara; in 54.63 *fian Teamhra* means the Irish nobility, the hereditary ruling and fighting class.

TRAOI, 54.61, Troy.

INDEX OF FIRST LINES

INDEX OF AUTHORS

The figures refer to the numbered poems.

ABBREVIATIONS

ACL.	Archiv für Celtische Lexikographie.
Ac. Sen.	Acallamh na Senórach, ed. Stokes.
AU.	Annals of Ulster, ed. Hennessy and MacCarthy.
B.A. Ruaidh	Beatha Aodha Ruaidh Uí Dhomhnaill, ed. Murphy.
B. Col.	Betha Colaim Chille, ed. O'Kelleher and Schoepperle.
BNÉ.	Bethada Náem nÉrenn (Lives of Irish Saints), ed. Plummer.
CCath.	In Cath Catharda, ed. Stokes.
Celt. Misc.	Miscellany of the Celtic Society, ed. O'Donovan.
Contrr.	Meyer's Contributions to Irish Lexicography.
DBr.	Poems of David Ó Bruadair, ed. MacErlean (ITS.).
Des.	F. Ó Maoilchonaire's Desiderius (Sgáthán an Chrábhaidh), 1616.
D. Grá.	Dánta Grádha, second edition.
Eoch.-sg.	Keating's Eochairsgiath an Aifrinn, ed. P. Ó Briain.
FF.	Keating's Foras Feasa ar Éirinn, ed. Comyn and Dinneen (ITS.).
FM.	Annals of the Four Masters, ed. O'Donovan.
GJ.	The Gaelic Journal (Irisleabhar na Gaedhilge).
Gr. Tr.	Irish Grammatical Tracts, ed. Bergin ; in course of publication as supplement to Ériu.
Hy F. Hy-Fiachrach	Genealogies, Tribes, and Customs of Hy-Fiachrach, ed. O'Donovan.
IM.	The Irish Monthly. All but one of the references are to poems edited by Rev. L. McKenna, S.J.
ITS.	Irish Texts Society.
Lis. Lives.	Lives of Saints from the Book of Lismore, ed. Stokes.
Mac. Iolair	Eachtra Mhacaoimh an Iolair, ed. Lloyd.
Meyer Misc.	Miscellany presented to Kuno Meyer.

Misc. I.A.S.	Miscellany of the Irish Archæological Society, vol. I.
O'Don. Spt.	O'Donovan's Supplement to O'Reilly's Dictionary.
O'Gr. Cat.	Catalogue of Irish MSS. in British Museum, vol. I, by S. H. O'Grady.
PCT.	Pairlement Chloinne Tomáis, ed. Bergin, in Gadelica, vol. I.
PH.	Passions and Homilies from Leabhar Breac, ed. Atkinson.
RC.	Revue Celtique.
Rel. C. Rel. Celt.	Reliquiæ Celticæ, by Cameron.
SG.	Silva Gadelica, ed. S. H. O'Grady.
TBC.	Táin Bó Cúalnge, ed. Windisch.
TBg.	Keating's Trí Biorghaoithe an Bháis, ed. Atkinson.
TD.	Poems of Tadhg Dall Ó Huiginn, ed. E. Knott (ITS.). In the absence of indication to the contrary, vol. I is referred to.
Timth.	Timthiridh Chroidhe Neamtha Íosa.
Top. P. Top. Poems	Topographical Poems of O'Dubhagain and O'Huidhrin, ed. O'Donovan.
Wi. Wb.	Wörterbuch to Irische Texte, I, by Windisch.
ZCP.	Zeitschrift für Celtische Philologie.

ADDENDA ET CORRIGENDA

(PARTS I and II)

[" Fl. Cat." refers to Mr. Robin Flower's volume of the admirable Catalogue of Irish MSS. in the British Museum, which was published after the preceding pages had been prepared for press.]

Poem 4. It may possibly be worth noting that *Mór Chiar* was the name of the wife of Ciothruadh Mag Fhionnghaill, who transcribed, in Co. Donegal in 1513-14, the greater portion of 24 P 25 (cf. Walsh, Leabhar Chl. Suibhne, pp. xlv-xlvi).

Poem 6. There is a copy, written in 1720, in Eg. 133, fo. 86b (Fl. Cat. 39).

Poem 10. There is a copy in a MS. written by Seán Ó Murchú na Ráthíneach in 1722, and now in possession of Major Bryan Cooper; but its text is no better than that of some of the later copies I have used.

Poem 11. There is a copy in Eg. 187, fo. 29b, written in 1686 (Fl. Cat. 22). The scribe of F.v.3 appears to have copied from this MS.

Poem 12. There is an autograph copy in Eg. 139, fo. 101 (Fl. Cat. 96).

Poem 15. In *mhārbhas* (l. 15) and *shlēimhne* (l. 17) the macron indicates, not the modern pronunciation, but an artificial pronunciation which the poet seems to have intended, for the metre requires these words to rime with *fhághbas* (l. 16) and *céimibh* (l. 18) respectively.

Poem 26. For *mionmhagh*, l. 75, read *míonmhagh*.

Poem 27. A copy of Tadhg Ruadh's poem in the MS. by Seán na Ráthíneach alluded to above begins *Do bheartaibh an tsaoiguil shlím*.

Poem 28. There is a fuller version (23 qq.+1 st.) of this poem in Add. 40766, fo. 20, where it is ascribed to Aindrias Mág Uidhir, and where it is given as a reply to a poem by Diarmaid Mac Muireadhaigh beginning *A dhrong ga bhfuil an saidhbhrios* (Fl. Cat. 165).

Poem 35. The repetition *tonn : tonn* in ll. 6, 8 betrays a prentice hand.

Poem 38. There is a copy, written in 1720, in Eg. 133, fo. 75b (Fl. Cat. 38).

Poem 39. There is a copy in Eg. 164, fo. 30b, written in Co. Meath in 1726, and another in Eg. 208, fo. 79, written, in Co. Meath also, in

1826 (*ib.* 347, 136).

Poem 40. In l. 20 it is probable that, keeping closer to the MSS., we should read something like *surdghail laogh mbreacraidh mbeadhgaidh*, where *breacraidh* (gen. of *breacradh*, and in meaning equivalent to *breac*) would give a kind of rime to *creagaibh* (l. 19), and where *beadhgaidh* would be gen. of *beadhgadh* and would have the force of the adj. *beadhgach* (later *bíogach*).

Poem 49. In l. 28 read *do-rónamar*. In commenting (pp. 201-202) on the authorship of *Bean ar n-aithéirghe Éire*, I overlooked the fact that the scribe of 23 F 16 (viz. Fearghal Dubh Ó Gadhra) has written on p. 141 of his MS. a second copy of the poem which he there ascribes to Tadhġ Camchosach Ó Dálaigh. There is no reason to doubt Fearghal Dubh's authority in the matter, and so we may place Tadhg Camchosach's *floruit* in the latter half of the 14th century.

Poem 55 was published by Prof. Bergin in ' Studies,' September, 1926, when the present book was in the printer's hands. In l. 16 read, with Bergin, *chrú*, blood, for *chur*. In l. 47 *cealgach* seems to stand for *calgach*, here used substantively, ' a thing that stings '; or rather it is probable that the original reading was *is calg a ccroidhe* (i.e. *i gcroidhe*), and that afterwards *calg* was changed to the current form *cealg*, and had the two following letters wrongly tacked on to it.

Poem 56. In l. 28 read *choimhidheach*.

Poem 61. In l. 81 read *bheathaidh*. In l. 82 for *chaïdh* we should perhaps read, with the MS, *cháigh* (=*cháich*, gen. of *cách*); compare l. 64.

Poem 79. " The theme is taken from the supplementary chapter to the Historia de Preliis (the abridged Latin version of Pseudo-Callisthenes, cf. Ward and Herbert, *Cat. of Rom.*, i, p. 120) on the sayings of the eight philosophers at Alexander's tomb,"—Flower, Cat. p. 70.

OTHER WORKS BY T. F. O'RAHILLY.

DÁNTA GRÁDHA

An Anthology of Irish Love Poetry, A.D. 1350-1750. Second Edition. Part I., Text. With an Introduction by ROBIN FLOWER. xxxiv+148 pp. 5s. net. Cork University Press (Educational Co. of Ireland).

"The greater part of this book consists of society verse written by society people, chieftains like Pierce Ferriter, or Earls like Gerald, Earl of Desmond, or Domhnall, Earl of Clancarthy. Whether written by earl or priest or churl, they all, however, share in this acute, slow-perfected style. In one other quality they all share as well,—Ireland! How they do adhere to this one spot of earth, to its ways of living, of thinking, of worshipping God! Yet poems more classic never came out of Greece."—*The Irish Tribune* (Daniel Corkery).

"The second edition, now before us, is a new work to all intents and purposes. . . . This book has two claims upon general attention. In the first place, it is of historical importance, for it throws light upon the life of the old Gaelic aristocracy in Ireland and Scotland. . . . In the second place, it sets before the reader a volume of verse —otherwise unobtainable, since the bulk has been edited from manuscripts—which is pure poetry. Those who can read Gaelic will carry this book about with them like an Elizabethan song-book, reading and re-reading, until all these golden lines are thrice familiar."—*The Times Literary Supplement.*

"Les poèmes y sont l'oeuvre de gens cultivés, pour qui l'art n'a pas de secrets. Ce sont des morceaux littéraires qui soutiennent la comparaison avec les meilleures productions des littératures étrangères. . . . Mais ce qui domine dans l'ensemble c'est une poésie très délicate, où les nuances du sentiment de l'amour sont finement exprimées par des poètes qui en savent cependant la vanité, la fragilité. Dans les effusions les plus idéales ils ne perdent jamais le sens aigu de la réalité ; et ce mélange de mysticisme et d'humour est bien irlandais. On ne sait ce qu'il faut admirer le plus chez eux de la fantaisie qui leur donne des ailes ou de l'ironie qui les retient de voler trop haut."—*Revue Celtique* (J. Vendryes).